Realschule Enger

Lernkompetenz:
Englisch, Französisch
Bausteine für das 5. bis 10. Schuljahr

Die Autorinnen und Autoren

Joachim Blombach, geb. 1954, unterrichtet Englisch und Musik. Er leitet die Realschule Enger. Er ist Moderator in der Lehrerfortbildung Englisch und Unterrichtsentwicklung und arbeitet an Lehrwerken mit.

Peer Brändel, geb. 1967, unterrichtet Englisch und Biologie an der Geschwister Scholl Realschule in Gütersloh. Er ist Moderator in der Lehrerfortbildung Englisch und Unterrichtsentwicklung.

Christine Fricke, geb. 1963, unterrichtet Biologie und Mathematik und ist Moderatorin für „Entwicklung von Lernkompetenz".

Susanne Heemeier, geb. 1964, arbeitet als Lehrerin für Französisch und Deutsch.

Kai Heidkamp, geb. 1971, arbeitet als Lehrer für Englisch und Deutsch.

Marion Holwas, geb. 1972, arbeitet als Lehrerin für Englisch und Pädagogik.

Vera Löhr, geb. 1975, unterrichtet Französisch und Geschichte.

Susanne Rave, geb. 1966, unterrichtet Englisch und evangelische Religion. Sie ist Fachleiterin für evangelische Religion am Studienseminar Bielefeld.

Realschule Enger

Lernkompetenz: Englisch, Französisch

Bausteine für das 5. bis 10. Schuljahr

Mit CD-ROM

Cornelsen
SCRIPTOR

Die in diesem Werk angegebenen Internetadressen haben wir überprüft (Redaktionsschluss Oktober 2008). Dennoch können wir nicht ausschließen, dass unter einer solchen Adresse inzwischen ein ganz anderer Inhalt angeboten wird.

Nicht in allen Fällen war es uns möglich, den Rechteinhaber ausfindig zu machen. Berechtigte Ansprüche werden selbstverständlich im Rahmen der üblichen Vereinbarungen abgegolten. Wir bitten um Verständnis.

Aus Gründen der leichteren Lesbarkeit wird in diesem Buch meist nur die männliche Anredeform verwendet. Dies erfolgt ausschließlich der Praktikabilität halber und soll keinesfalls die Bevorzugung eines bestimmten Geschlechts ausdrücken.

www.cornelsen.de

Bibliografische Information: Die Deutsche Bibliothek verzeichnet diese Publikation in der Deutschen Nationalbibliografie; detaillierte bibliografische Daten sind im Internet über http://dnb.ddb.de abrufbar.

Dieser Band folgt den Regeln der deutschen Rechtschreibung, die seit August 2006 gelten.

5. 4. 3. 2. 1. Die letzten Ziffern bezeichnen
13 12 11 10 09 Zahl und Jahr der Auflage.

Redaktion: Gabriele Teubner-Nicolai, Berlin
Herstellung: Brigitte Bredow, Berlin
Umschlagkonzept: Bauer+Möhring, Berlin
Umschlaggestaltung: Torsten Lemme, Berlin,
unter Verwendung einer Zeichnung von Klaus Puth, Mühlheim
Layout und Satz: Beate Schubert, Berlin
Druck und Bindung: fgb · freiburger graphische betriebe
Printed in Germany
ISBN 978-3-589-22840-9

Gedruckt auf säurefreiem Papier,
umweltschonend hergestellt aus chlorfrei gebleichten Faserstoffen.

Inhalt

Hinweis:
Im Buch sind nur einige wenige ausgewählte Kopiervorlagen abgebildet.
Bitte die Kopiervorlagen von der CD-ROM herunterladen.

Vorwort 9

Grundlegende Lerntechniken vorab – für alle Kollegen

Das können alle Kollegen gebrauchen 20
Methodenkompetenz allgemein
TÜV für Hefte und Mappen 22
Methodenkompetenz: Heftführung und Mappenführung
Einführung eines Fehlerheftes 25
Methodenkompetenz: Selbstüberprüfung
Vokabeltest einmal anders 28
Methodenkompetenz: Effektiv lernen
Klassenarbeiten vorbereiten (1) – einen individuellen Arbeitsplan erstellen 30
Methodenkompetenz: Selbstüberprüfung
Klassenarbeiten vorbereiten (2) – Dokumentationsbogen zur Effektivität der Vorbereitung 35
Methodenkompetenz: Selbstüberprüfung
Klassenarbeiten korrigieren – Feedbackbogen zu Schreibleistungen 38
Methodenkompetenz: Evaluation
Gruppenkorrektur von Texten 40
Methodenkompetenz: Proofreading, Editing
Partnercheck 43
Kooperatives Lernen: Partnercheck
Vier Ecken im Fremdsprachenunterricht 44
Kooperatives Lernen: Vier Ecken

Jahrgangsstufe 5

Buddy check – pair editing 46
Methodenkompetenz: Selbst- und Fremdüberprüfung
Kooperatives Lernen: Buddy check

Talking about sports – Partner interviews 49
Methodenkompetenz: Note taking
Kooperatives Lernen: Appointment
Running competition 53
Methodenkompetenz: Selbstüberprüfung
Kooperatives Lernen: Appointment
Pets 55
Methodenkompetenz: Lesetechniken, Note taking
Kooperatives Lernen: Expertenrunde, Gruppenpuzzle
Do you have to ...? – Interviews in the classroom 59
Kooperatives Lernen: Marktplatz

Jahrgangsstufe 6

Dans la salle de classe 63
Methodenkompetenz: Mindmapping, Lernertypen, effektiv Üben
Kooperatives Lernen: Think-Pair-Share
Les verbes être et avoir 66
Kooperatives Lernen: Marktplatz
Party Food 69
Kooperatives Lernen: Think-Pair-Share
Formulieren einer grammatischen Regel zum *simple past* 72
Methodenkompetenz: Informationsgewinnung
Kooperatives Lernen: Appointment
Selbstständiges Wiederholen grammatischer Regeln – *the simple past* 76
Methodenkompetenz: Informationsgewinnung, Mindmapping
Kooperatives Lernen: Think-Pair-Share
Comparision of adjectives – superlatives 79
Methodenkompetenz: Note making
Kooperatives Lernen: strukturierte Gruppenarbeit, Ausstellung

Jahrgangsstufe 7

Le futur composé – Selbstständiges Erschließen einer neuen Zeitform 83
Kooperatives Lernen: Placemat activity, one stay, three stray
Le rallye d' école 86
Kooperatives Lernen: Grupppenrallye
Look up and murmur – rugby and basketball 89
Methodenkompetenz: Note taking, Versprachlichung von Notizen
Kooperatives Lernen: strukturierte Gruppenarbeit
Worterschließungstechniken 92
Methodenkompetenz: Lesetechniken, Worterschließungstechniken
Computers 95

Methodenkompetenz: Lesetechniken, Note taking
Kooperatives Lernen: strukturierte Gruppenarbeit
Inventions – a project 99
Methodenkompetenz: Projektarbeit

Jahrgangsstufe 8

Les pronoms d'objet direct et indirect 104
Kooperatives Lernen: Galeriegang
Immigration to the USA 107
Methodenkompetenz: Lesetechniken, Note taking, Visualisierungstechniken
Kooperatives Lernen: Marktplatz, strukturierte Gruppenarbeit
Preparing and evaluating a presentation 113
Methodenkompetenz: Präsentationstechniken, Selbst- und Fremdevaluation
Kooperatives Erarbeiten von *picture stories* 115
Methodenkompetenz: Note taking
Kooperatives Lernen: strukturierte Gruppenarbeit
Native Americans 120
Methodenkompetenz: Lesetechniken, Markierungstechniken, Note taking, Editing techniques, Visualisierungstechniken, Summary writing, Fremdevaluation
Kooperatives Lernen: strukturierte Gruppenarbeit
Vor- und Nachbereitung einer Argumentation 127
Methodenkompetenz: Brainstorming, Selbstüberprüfung
Kooperatives Lernen: Placemat activity

Jahrgangsstufe 9

Correspondance – Ecrire une lettre officielle 132
Kooperatives Lernen: Expertenrunde
Transport in Australia 136
Methodenkompetenz: Lesetechniken, Note taking, Mindmapping, Summary writing
Kooperatives Lernen: Doppelstuhlkreis
Crime and punishment 141
Kommunikative Kompetenz: Note making
Kooperatives Lernen: Galeriegang
Reported speech – I told you ... jokes 144
Kooperatives Lernen: Placemat activity, Numbered-Heads-Together
Child labour 147
Methodenkompetenz: Lesetechniken, Note taking
Kooperatives Lernen: Marktplatz, strukturierte Gruppenarbeit
Povocative statements 153

Kooperatives Lernen: Whole class activity
Kommunikation: monologisches und dialogisches Sprechen
World of work 156
Kooperatives Lernen: Marktplatz, Gruppenpuzzle
Introducing Australia 160
Methodenkompetenz: Brainstorming, Note making, Evaluation of a talk
Kooperatives Lernen: One stay, three stray

Jahrgangsstufe 10

Un voyage à Paris 164
Methodenkompetenz: Notizen machen
Kooperatives Lernen: Gruppenpuzzle
My listening habits 169
Methodenkompetenz: Note taking
Kooperatives Lernen: Appointment, Think-Pair-Share
The Øresund project 173
Methodenkompetenz: Lesetechniken, Note taking
Kooperatives Lernen: Marktplatz, strukturierte Gruppenarbeit, Gruppenpuzzle
My point of view – debating 177
Methodenkompetenz: Lesetechniken, Note taking, Versprachlichung von Notizen, Präsentation
Kooperatives Lernen: Zuhören
Kommunikative Kompetenz: Expressing your point of view
Different points of view – the thinking hats 181
Methodenkompetenz: Note making
Kooperatives Lernen: Thinking hats
Modern techonology – working with caricatures 184
Kooperatives Lernen: Think-Pair-Share, Galeriegang, Numbered-Heads-Together
The Perfect Match 188
Methodenkompetenz: Lesetechniken, Brainstorming, Editing techniques
Kooperatives Lernen: strukturierte Gruppenarbeit, Marktplatz
Kommunikation: dialogisches und monologisches Sprechen, Rollenspiel, Creative writing

Kooperative Lernformen – eine Zusammenstellung 194

Literaturhinweise 207

Vorwort

Die vorliegenden Materialien wurden von Kollegen der Realschule Enger entwickelt, um das eigenständige Lernen zu fördern. Natürlich waren auch Kolleginnen an der Entwicklung beteiligt und wir unterrichten selbstverständlich Schüler und Schülerinnen. Der Einfachkeit halber schreiben wir aber Schüler und schließen das weibliche Pendant ein. Die vorliegenden Bausteine setzen auf fachlicher Ebene das fort, was an der Realschule Enger seit mehr als acht Jahren fächerübergreifend und integrativ an Schwerpunkttagen zum Thema „Förderung der Lernkompetenz" unterrichtet wird (vgl. die Bände „Lernkompetenz I–III", siehe im Literaturverzeichnis S. 207 f.).
Das Curriculum ist im Rahmen des Projekts „Schule & Co.", einem gemeinsamen Projekt des Ministeriums für Schule und Weiterbildung Nordrhein-Westfalen und der Bertelsmann-Stiftung zur Stärkung von Schulen im kommunalen und regionalen Umfeld des Kreises Herford, entwickelt worden. Die Intention dieses Curriculums liegt in der Hauptsache darin, allen Schülern der Realschule Enger den systematischen Erwerb von Lernkompetenz im Schulalltag zu ermöglichen. Die Festschreibung des Programms sowie ein teamorientiertes Handeln aller Kollegen sichern den dauerhaften Erfolg des Konzepts zur Förderung der Lernkompetenz.
Nach unserem Verständnis umfasst Lernkompetenz die Teil-Dimensionen *Sach- und Methodenkompetenz* und *Sozialkompetenz* (die sich in unserem Ansatz in *Kooperations- und Kommunikationskompetenz* sowie *Selbstkompetenz* aufteilt). Dabei sind Teilaspekte von Selbstkompetenz (z. B. die Übernahme von Verantwortung für das eigene Lernen, die Ausbildung von Lernmotivation) in der Regel ein implizites Ergebnis eines langfristig angelegten Lernprozesses. Lernkompetenz wird jedoch nicht durch ein bloßes Verknüpfen der unterschiedlichen Teilkompetenzen erreicht, sondern es benötigt als wesentliche Grundlage die Fähigkeit zur Reflexion der eigenen Lernprozesse und -ergebnisse. Damit ist das *selbstreflektierende Lernen* – also das Nachdenken über das eigene Lernen bzw. die Fähigkeit zur Selbsteinschätzung – ein weiterer grundlegender Bestandteil zur Förderung von Lernkompetenz. Der systematische Aufbau von Teilkompetenzen und ihre Verknüpfung vollziehen sich in erster Linie in einem und durch einen veränderten Unterricht, der sich durch zunehmende Selbststeuerung durch die Lernenden auszeichnet und Grundlagen zur erfolgreichen Bewältigung selbstgesteuerter Lernprozesse gelegt hat. Selbstgesteuertes Lernen bei gleichzeitiger Entwicklung und Sicherung fachlicher Fähigkeiten führt zu einem großen Maß an (nachschulischer) Handlungsfähigkeit.

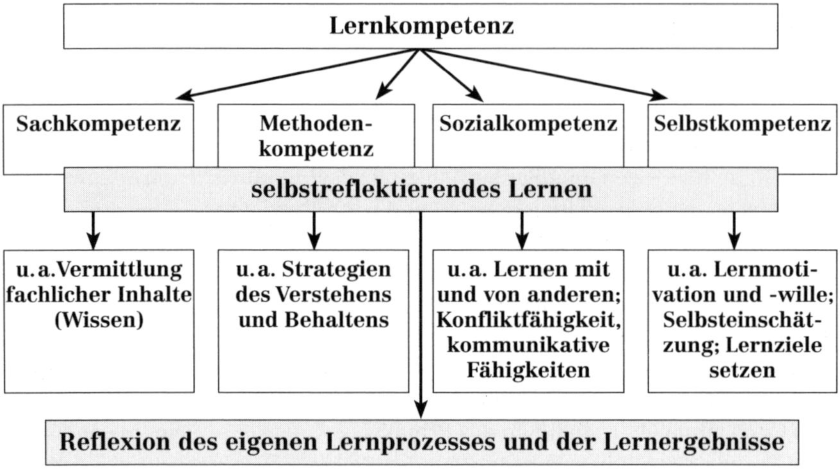

© Joachim Blombach – Realschule Enger

Das Curriculum

- ist in seiner zeitlichen Abfolge und in der inhaltlichen Anordnung systematisch aufgebaut (vom Leichten zum Schweren, vom Einfachen zum Komplexen),
- bemüht sich um die Einhaltung lernbiologischer und psychologischer Prinzipien (altersgemäße Inhalte, kleine Portionen, gehirngerechtes Lernen, Wiederholen und Vertiefen),
- ist spiralcurricular aufgebaut,
- ist leicht umsetzbar,
- ist fächerübergreifend und integrativ,
- ist für alle Lehrkräfte der Schule verbindlich
- und unterliegt einer ständigen Evaluation.

Curriculum Lernkompetenz Realschule Enger

	September	Oktober	November	Dezember	Januar	Februar	März/April	Mai/Juni	Kooperative Lernformen
10. Kl.									A-B-Methode Ausstellung Doppelstuhlkreis Galeriegang Graffiti-Methode Gruppenpuzzle Gruppenrallye Marktplatz Murmelgruppe Numbered-Heads-Together One stay, three stray Partnercheck Placemat Think-Pair-Share Trade-A-Problem Verabredung Vier Ecken
9. Kl.	Wiederholungszyklus	Mindmapping III	Projektarbeit	Argumentation III *Stammtischparolen*		Bewerbertraining			
8. Kl.	Wiederholungszyklus	Präsentationstechniken I	Präsentationstechniken II	Argumentation I *Basics*	Zeitplanung	Argumentation II *Fünfsatz*	Selbstüberprüfung		
7. Kl.	Wiederholungszyklus	Notizen	Informationsbeschaffung	Einfach reden und zuhören!?	Visualisierungstechniken	Sprechen, sehen, hören = verstehen!	Brainstorming	Gruppenarbeit III	
6. Kl.	Wiederholungszyklus	Lesetechniken	Markieren/Strukturieren	Mündliche Mitarbeit II	Klassenarbeiten	Präsentation *Anfänger*	Mindmapping II	Arbeit mit Nachschlagewerken	
5. Kl.	Methoden-Einführungswoche	Mündliche Mitarbeit I	Hausaufgaben	Mindmapping I	Gruppenarbeit I	Effektiv lernen I	Gruppenarbeit II	Effektiv lernen II	

Bausteine zur Förderung der Methodenkompetenz

Bausteine zur Förderung der Kooperationskompetenz

Bausteine zur Förderung der Kommunikationskompetenz

An den Schwerpunkttagen ist der Fachunterricht aufgehoben: Die fünf- bis sechsstündigen Bausteine werden jeweils vom Klassenlehrer unterrichtet. Er wird dadurch sukzessive mit sämtlichen Bausteinen vertraut und ist für die Ergebnissicherung verantwortlich. Wiederholungszyklen zu Beginn eines jeden Schuljahres gewährleisten die Wiederholung der erlernten Inhalte zur Förderung der Lernkompetenz.
Nachdem sich das Konzept an der Realschule Enger durchgesetzt und nach mehreren Durchgängen bewährt hatte, überlegten wir, wie die inhaltlich nicht an Fächer gebundenen Bausteine konkret im Fachunterricht integriert werden könnten. Uns war klar, dass nur eine besonders im Fachunterricht verankerte und vertiefte Arbeit mit den methodischen Inhalten der Bausteine zu einem veränderten Lernen und somit zur Selbstständigkeit der Schüler führen kann. Es geht also einerseits um Training und Anwendung des Gelernten, sodass die Schwerpunkttage keine „Eintagsfliege“ bleiben. Und es geht andererseits auch darum, dass Schüler die Methoden und Techniken für den Fachunterricht nutzen, um effektiv die fachspezifischen Inhalte zu lernen.
Für den Lehrer bedeutet das eine Entlastung, denn die bereits einmal an den Schwerpunkttagen eingeführten Regeln und Prinzipien gelten fortan für alle Fächer und können ab dem jeweiligen Zeitpunkt ohne lästige Diskussionen für das Fach eingesetzt werden. Schließlich liegt eine Aufgabe des Fachlehrers darin, die Fachinhalte und die Lernmethoden mit fachspezifischen Arbeitsweisen zu verknüpfen. Dabei kann der Schwerpunkt mal auf der Methodik, mal auf dem Inhalt oder aber mal auf dem Prozess und mal auf dem Ergebnis liegen. Jeder Fachlehrer ist aufgefordert, je nach Zielsetzung seiner Stunden selbst zu entscheiden und zu gewichten.
Das Gesamtkonzept zur Förderung der Lernkompetenz umfasst somit vier Schritte:

1. Grundlegung einer systematischen Vermittlung und Erarbeitung von elementaren Lern- und Arbeitstechniken an Schwerpunkttagen
2. Implementierung von Trainingseinheiten in Abhängigkeit von inhaltlichen Themen im Fachunterricht
3. Training und Verknüpfung mit fachspezifischer Methodik im Unterricht
4. Überprüfung und Bewertung der Prozesse zur Erlangung von Lernkompetenz im Unterricht (schriftlich und mündlich)

Wie aber steht es bei den Fremdsprachen? Wie können ein Galeriegang oder Visualisierungsmethoden im Englischunterricht eingesetzt und geübt werden? Und wie können Lesen, Markieren, Strukturieren oder ein Placemat für den Französischunterricht genutzt werden? Welche neuen Möglichkeiten ergeben sich daraus z.B. für das selbstständige Korrigieren von Texten oder zur Selbstreflexion von Lernprozessen?

Da wir als Lehrerkollegium auf keinen bereits existierenden, fertig ausgearbeiteten Materialfundus zur Förderung der Lernkompetenz im fremdsprachlichen Fachunterricht zurückgreifen konnten bzw. erst in den neueren Lehrwerken erste Ansätze existieren[1], mussten wir diesen Teil der Arbeit selbst übernehmen. Dabei sind die hier vorgelegten Materialien entstanden.

Grundsätzlich gibt es unterschiedliche Zugänge für die Übertragung der Methoden-Bausteine in den Fachunterricht (siehe Mindmap „Implementation von Lernkompetenz in die Fächer", S. 14 f.).

1. Alle Kollegen in allen Fächern sind immer aufgefordert, gemeinsam mit den Schülern bei passender Gelegenheit über das Lernen zu reflektieren und ihre eigene Methodenwahl transparent zu machen, z.B. durch Überlegungen wie „Warum haben wir diese Fachbegriffe jetzt nicht nur gelesen, sondern auch noch aufgeschrieben und im Doppelstuhlkreis geübt?" Dadurch wird das Nachdenken über das Lernen zu einer Gewohnheit für die Schüler und sie können erkennen, welche Lernwege für sie persönlich nützlich sind.
2. Nach der Durchführung eines Schwerpunkttages, z.B. Mindmapping 2 in Klasse 6, kann jeder Fachlehrer/jedes Fachteam überlegen, wie sich die dort eingeführte Technik zur Strukturierung von Fachinhalten anwenden lässt und in welchen konkreten Unterrichtsreihen das möglich ist. Dann kann er/können die Schüler die Methode des Mindmapping z.B. einsetzen, um Vorwissen zu strukturieren, um Spickzettel zu schreiben, Kurzvorträge vorzubereiten oder um Texte, Filminhalte, Kurzvorträge sinnvoll und übersichtlich zusammenzufassen. Damit es diesbezüglich keine Häufungen (keinen „Overkill") in den verschiedenen Fächern gibt, sind jeweils 1–3 Fächer für die zeitnahe Anwendung und Pflege des Schwerpunkttages zuständig („Leitfachsystem", siehe auch LK III, S. 22 ff.). Mit diesem Vorgehen wird außerdem sichergestellt, dass die Inhalte eines Schwerpunkttages verbindlich in einem Fach fortgeführt werden und nicht einfach „im Sande verlaufen".
3. Neben dem o.g. Fokus auf den Inhalt eines Schwerpunkttages besteht die Möglichkeit, eine ganze Unterrichtsreihe unter Einbeziehung von Methoden-Bausteinen und kooperativer Lernformen zu planen. Dann stehen die Fachinhalte im Vordergrund und die Wahl der Methoden, die die Schüler bis dahin beherrschen, orientiert sich daran. Beispiel: Der Einstieg zum Thema „Verhütung" kann in Form provokanter Thesen als „Galeriegang" oder „Vier Ecken" gewählt werden, die Erarbeitung und Vorstellung von Informationen zu verschiedenen Verhütungsmitteln erfolgt als Expertenrunde oder als Gruppenpräsentation durch die Schüler. Für die Sicherung und Überprüfung muss dann der Lehrer Möglichkeiten vorsehen.

---

1 Vgl. Englisch G21, Berlin 2007

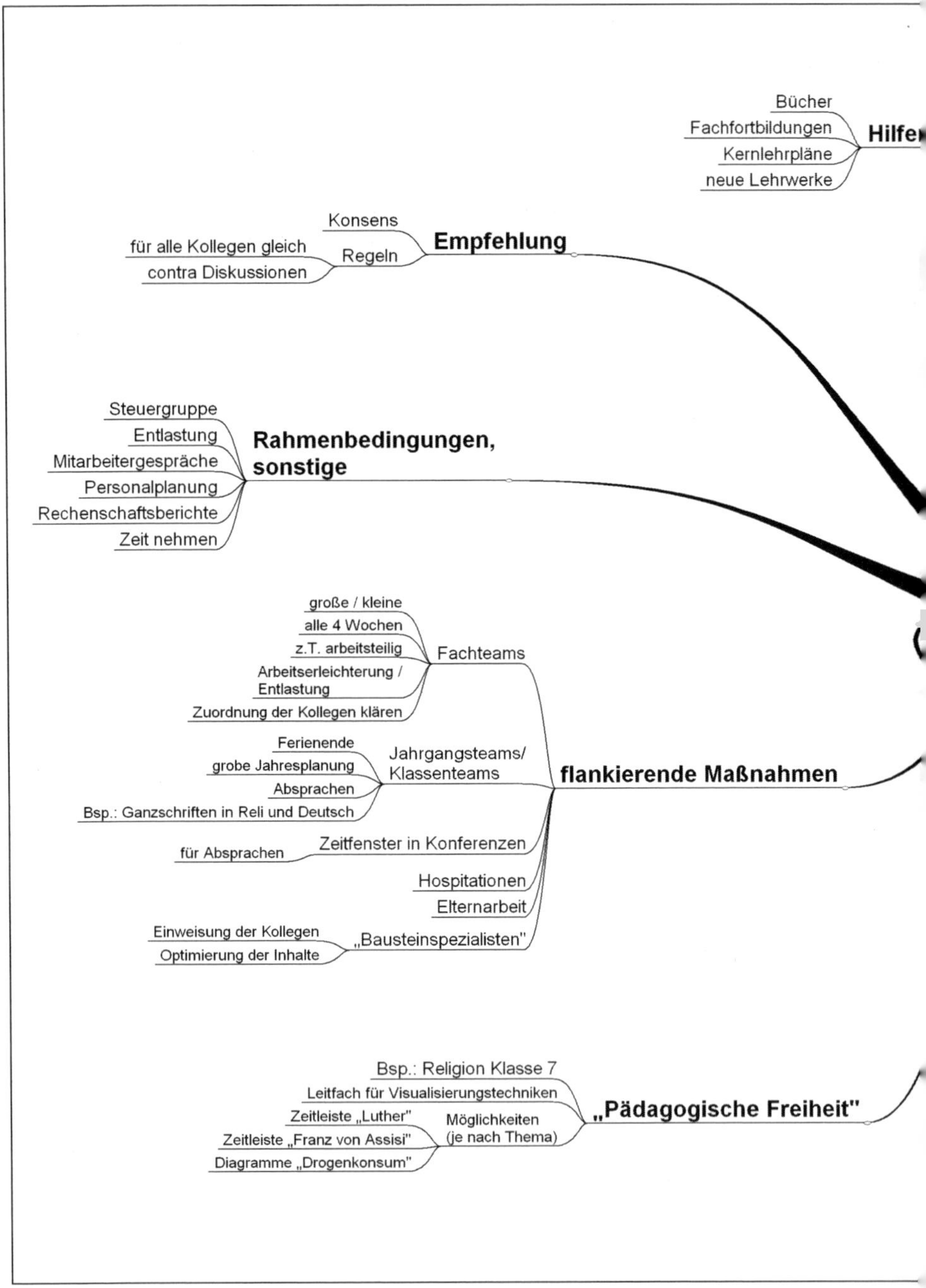
Bücher
Fachfortbildungen
Kernlehrpläne
neue Lehrwerke
Hilfe
Konsens
für alle Kollegen gleich
contra Diskussionen
Regeln
Empfehlung
Steuergruppe
Entlastung
Mitarbeitergespräche
Personalplanung
Rechenschaftsberichte
Zeit nehmen
Rahmenbedingungen, sonstige
große / kleine
alle 4 Wochen
z.T. arbeitsteilig
Arbeitserleichterung / Entlastung
Zuordnung der Kollegen klären
Fachteams
Ferienende
grobe Jahresplanung
Absprachen
Bsp.: Ganzschriften in Reli und Deutsch
Jahrgangsteams/ Klassenteams
flankierende Maßnahmen
für Absprachen
Zeitfenster in Konferenzen
Hospitationen
Elternarbeit
Einweisung der Kollegen
Optimierung der Inhalte
„Bausteinspezialisten"
Bsp.: Religion Klasse 7
Leitfach für Visualisierungstechniken
Zeitleiste „Luther"
Zeitleiste „Franz von Assisi"
Diagramme „Drogenkonsum"
Möglichkeiten (je nach Thema)
„Pädagogische Freiheit"

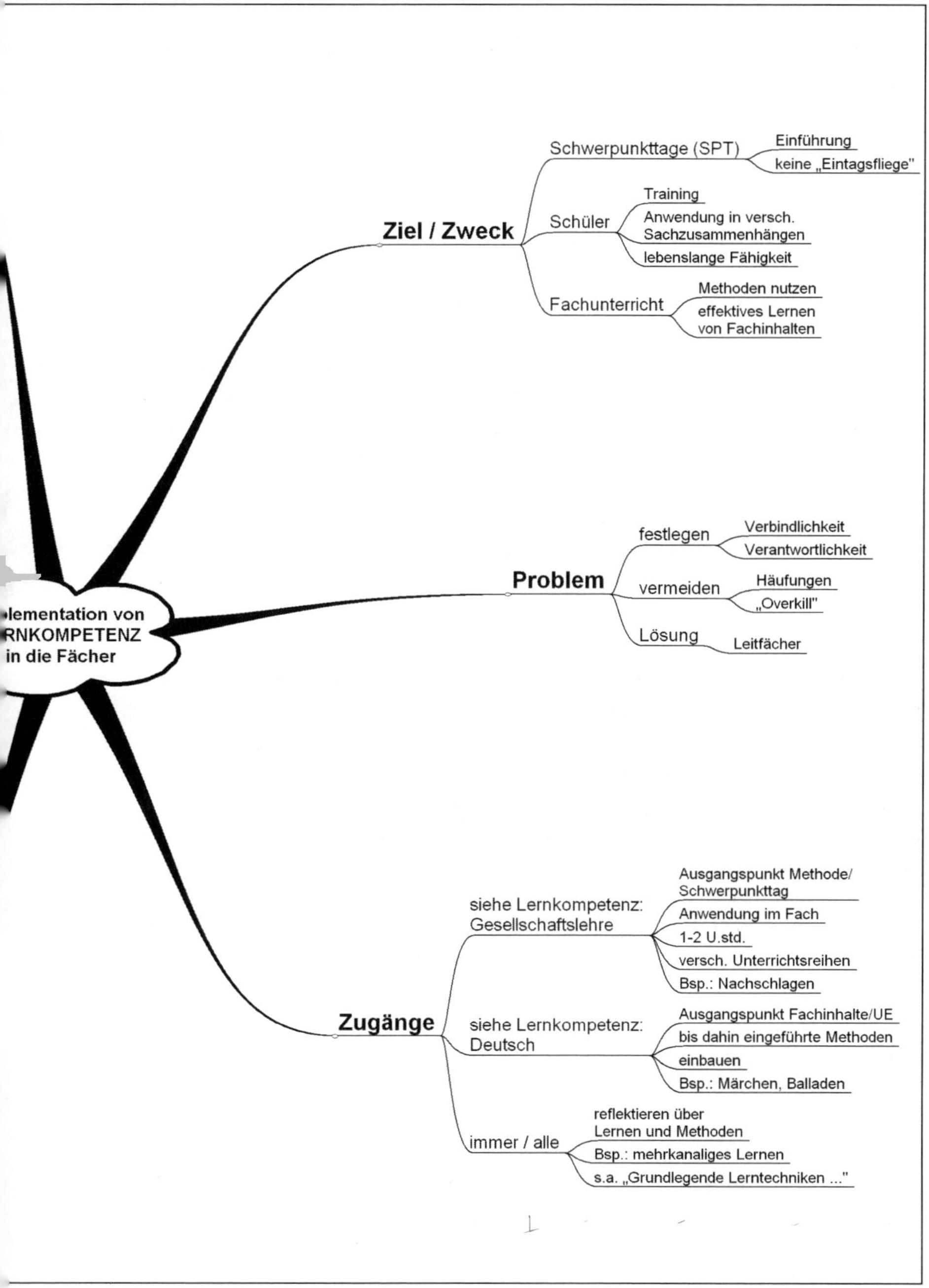
Schwerpunkttage (SPT)
Einführung
keine „Eintagsfliege"
Training
Schüler
Anwendung in versch. Sachzusammenhängen
Ziel / Zweck
lebenslange Fähigkeit
Methoden nutzen
Fachunterricht
effektives Lernen von Fachinhalten
festlegen
Verbindlichkeit
Verantwortlichkeit
Problem
vermeiden
Häufungen
„Overkill"
·lementation von
RNKOMPETENZ
in die Fächer
Lösung
Leitfächer
Ausgangspunkt Methode/ Schwerpunkttag
siehe Lernkompetenz: Gesellschaftslehre
Anwendung im Fach
1-2 U.std.
versch. Unterrichtsreihen
Bsp.: Nachschlagen
Zugänge
siehe Lernkompetenz: Deutsch
Ausgangspunkt Fachinhalte/UE
bis dahin eingeführte Methoden
einbauen
Bsp.: Märchen, Balladen
reflektieren über Lernen und Methoden
immer / alle
Bsp.: mehrkanaliges Lernen
s.a. „Grundlegende Lerntechniken ..."

Wir haben Beispiele für das gezielte Training und die Anwendung einzelner Methoden-, Kooperations- und Kommunikationsbausteine im Fremdsprachenunterricht zusammengetragen. Dabei ging es uns jedoch vor allem darum, exemplarisch zu zeigen, wie die Teilkompetenzen in einem integrativen Kontext im Fachunterricht genutzt und geübt werden können. Dabei war uns auch wichtig, deutlich zu machen, wie mithilfe dieses Ansatzes sich Möglichkeiten zur individuellen Förderung im Fachunterricht ergeben einschließlich des damit subsumierten Aspektes binnendifferenzierten Arbeitens und der Fähigkeit, Lernprozesse zu reflektieren, zu bewerten, eigene Schlussfolgerungen zu ziehen, die zu gezieltem Handeln führt. Natürlich können und wollen wir keine Patentrezepte liefern, denn jede Schule und jede Fachschaft ist – immer wieder erneut – aufgefordert, ihre eigenen schulinternen Lehrpläne zu erarbeiten, zu überprüfen und an die sich verändernden Bedingungen anzupassen. Dennoch können die hier beschriebenen Unterrichtsstunden als Anregung für die eigene Arbeit dienen. Bei der Umsetzung gilt es jedoch zu bedenken, dass die in den Ablaufplänen angegebenen Zeitangaben nur grobe Annäherungswerte sind, die zwangsläufig aufgrund der unterschiedlichen Voraussetzungen jeder einzelnen Lerngruppe sehr stark variieren. Zudem kann je nach Ziel- und Schwerpunktsetzung einer Stunde die Dauer einer Phase auch anders gewählt werden.

In den im Buch dargestellten Unterrichtsvorschlägen spielen unterschiedlichste methodische Varianten von Partner- und Gruppenarbeit (kooperative Lernformen) eine große Rolle. Dabei mag der eine oder andere einwenden, dass in diesen Phasen nicht a) gewährleistet werden kann, dass alle Schüler die englische Sprache benutzen und b) sich sprachliche Fehler der Korrekturmöglichkeit des Lehrers entziehen. Dem ist entgegenzuhalten, dass es in Anbetracht hoher Klassenstärken unabdingbar erscheint, die Sprechzeit der Schüler zu erhöhen, indem sie verstärkt gleichzeitig miteinander reden und nicht nacheinander mit dem Unterrichtenden. Schüler, die frühzeitig an diese Formen des kooperativen Arbeitens gewöhnt sind und dazu angehalten werden, Englisch bzw. Französisch zu sprechen, verinnerlichen dies relativ schnell, wenn der Unterrichtende in dieser Beziehung auch konsequente Erwartungen formuliert und entsprechend handelt. Sicherlich gibt es auch einige Schüler, die immer wieder ins Deutsch fallen. Gemessen an den vielen Vorteilen scheint dies jedoch zweitrangig.
Dem umfassenden Teil des Buches mit Unterrichtsvorschlägen für die einzelnen Jahrgangsstufen haben wir ein Kapitel mit Bausteinen vorangestellt, die in jedem Fach von Bedeutung sind. Die Inhalte beziehen sich zwar auf ein fachliches Beispiel, sind jedoch in der Regel auf andere Fächer – vor allem Sprachfächer – übertragbar.

Den Abschluss bildet ein Kapitel über „Kooperative Lernformen“. Zwar sind nicht alle der darin beschriebenen kooperativen Lernformen in den Praxis-Beispielen erwähnt; sie bilden jedoch einen Pool von austauschbaren Möglichkeiten. Folgende Liste gibt einen Überblick über denkbare Einsatzweisen:

1. Methoden zum Austausch über ein Thema:
   - A-B-Methode
   - Doppelstuhlkreis
   - Gruppenrallye
   - Marktplatz
   - Partnercheck
   - Murmelgruppe
   - Numbered-Heads-Together
   - Think-Pair-Share
   - Verabredung
2. Methoden zum Austausch über verschiedene Aspekte eines Themas:
   - Galeriegang
   - Gruppenpuzzle oder Expertenrunde
   - Verabredung
   - Vier Ecken
   - Trade a Problem
3. Methoden für ein Brainstorming:
   - Graffiti-Methode
   - One stay, three stray
   - Placemat Activity
4. Methoden, die eine Präsentation (mündlich oder schriftlich) beinhalten:
   - Ausstellung
   - Galeriegang
   - Graffiti-Methode
   - Placemat Activity
   - Vier Ecken
   - Trade a Problem
5. Methoden, um Ideen zu hierarchisieren:
   - Placemat Activity

Die vorliegenden Arbeitsblätter und Arbeitsvorhaben sind nach Klassenstufen sortiert. Alle Materialien finden sich auf der CD-ROM – als Word- oder pdf-Dateien. Sie können heruntergeladen und bei Worddateien den jeweils speziellen Bedürfnissen angepasst und verändert werden. Und noch einmal ganz deutlich: Im Buch sind aus Platzgründen nicht alle Materialien ausgedruckt, Sie haben hier nur eine Auswahl.

Das abschließende Literaturverzeichnis enthält einerseits die Quellen für unsere Materialien, die wir gerne „im Hintergrund" gelesen haben oder die wir zur Vertiefung weiterempfehlen. Die Bände „Lernkompetenz I, II und III" geben darüber hinaus weitere Hinweise auf interessante Titel fachunabhängiger Art.

Diese Veröffentlichung wäre nicht möglich gewesen, wenn nicht viele Menschen dabei geholfen hätten. Zunächst ist den Kollegen in unseren Fachschaften für ihren Einsatz bei der Entwicklung der Unterrichtsbeispiele zu danken. Außerdem haben die Moderatoren für Lernkompetenzentwicklung der Bezirksregierung Detmold viele Ideen und Erfahrungen beigesteuert. Auch aus den Kollegien anderer Schulen haben wir während unserer Fortbildungsveranstaltungen viele Anregungen und Verbesserungsvorschläge erhalten. Ihnen allen gilt unser Dank. Ein besonderer Dank gilt Helmut Dengler, dessen Materialien viele im Folgenden dargestellte Wege, Fremdsprachenunterricht kompetenzorientiert und für die Schüler interessant zu gestalten, erst möglich gemacht haben. Die in einigen Gegenden schon als „Dengler Material" bekannten Unterrichtsmaterialien haben vielen Kollegen nicht nur einer enorme Arbeitserleichterung gebracht, sondern auch gezeigt, wie Unterricht schülernah und effektiv gestaltet werden kann.
Schließlich haben uns unsere Schüler immer wieder bestätigt, wie erfolgreich unsere Bemühungen waren; sei es indirekt durch ihr Verhalten und ihre Unterrichtsergebnisse oder auch direkt durch offene Worte des Lobes oder der Kritik. Dafür ebenfalls ein herzliches Dankeschön!

Wir hoffen, mit diesem Buch eine Lücke zu füllen und vielen Kollegen Anregungen für die eigene Arbeit geben zu können. Und womöglich entdecken Sie, dass Ihre Schülerinnen und Schüler schon bald einige elementare Techniken beherrschen, die nicht nur ihnen selbst das selbstständige Lernen und Arbeiten erleichtern, sondern auch Ihnen als Lehrerin oder Lehrer das Unterrichten.

Über Rückmeldungen jeglicher Art freuen wir uns sehr. Schreiben Sie bitte an:

Realschule Enger
Ringstraße 75
32130 Enger
Fax: 05224/978034
E-Mail: info@rsenger.de

Weitere Informationen zur Realschule Enger finden Sie unter www.rsenger.de

Grundlegende Lerntechniken vorab – für alle Kollegen

Das können alle Kollegen gebrauchen

Christine Fricke

Methodenkompetenz allgemein

„Ich unterrichte doch nur Mathe und Physik in Klasse 9 und 10. Was geht mich das Methodentraining in den Jahrgängen 5 und 6 an?“ oder „In meinen Fächern Kunst und Textilgestaltung kann ich gar nichts von all dem umsetzen.“ – Solche und ähnliche Bemerkungen hören wir immer wieder von eigenen Kollegen oder denen anderer Schulen.
Ja, sie haben recht: Eine direkte Umsetzung der Bausteine ohne jegliche Anpassung ist in diesen Fächern nicht oder nur schwer möglich. Dennoch ist es wichtig, dass alle Fachlehrer die wesentlichen Inhalte und Regeln der Schwerpunkttage aus den Jahrgängen 5 und 6 kennen. Einerseits, um sie in den höheren Klassen entsprechend anwenden und für den eigenen Unterricht nutzen zu können. Andererseits unterrichten sie doch hin und wieder eine 5. oder 6. Klasse und sollten dann mit den bereits eingeführten Gepflogenheiten und Regeln vertraut sein und sie befolgen.
Es geht jedoch nicht nur um ein ständiges Erinnern der Schüler an die Regeln und Arbeitstechniken oder um deren Training, sondern auch um das regelmäßige Reflektieren des Lernprozesses. Damit dies für die Schüler zu einer selbstverständlichen Grundhaltung wird, ist es wichtig, dass alle Lehrer dabei „an einem Strang ziehen“.
Besonders gilt dies für die Bausteine zum effektiven Lernen im ersten Halbjahr der 5. Klasse. Ob die Schüler im Unterricht etwas lesen oder zusätzlich auch schreiben sollen, ob sie sich im Doppelstuhlkreis über ein Thema austauschen oder ein Modell bauen; das ist meist eine Entscheidung des Lehrers, die für die Kinder zunächst nicht durchschaubar ist. Sie wissen also nicht, wann und warum sie mehrkanalig lernen. Im Gegensatz dazu können sie aber problemlos angeben, in welchem Fach und zu welcher Thematik sie eine Technik wie Mindmapping angewendet haben.
Die folgende Mindmap versucht, die Essenz der ersten Schwerpunkttage des Curriculums der Realschule Enger aus den Jahrgängen 5 und 6 stichwortartig zusammenzufassen. Damit soll verdeutlicht werden, dass alle Kollegen aus allen Fächern über die grundlegenden Techniken und Regeln Bescheid wissen müssen, um sie im eigenen Unterricht zumindest berücksichtigen zu können. In diesem Zusammenhang sei darauf verwiesen, dass es sinnvoll und wichtig

ist, innerhalb der entsprechenden Fachschaft – besser noch innerhalb des Gesamtkollegiums – einen Konsens über die einzuführenden Regeln (z.B. für Hausaufgaben, Mappenführung oder Markieren) herzustellen. Denn nur so kann man als Lehrer lästige Diskussionen mit den Schülern vermeiden und sie wissen, was von ihnen (von allen Lehrern gleichermaßen) erwartet wird.

Wie ist diese Mindmap (*Anlage 1*) zu lesen?

Beispiel: Hausaufgaben

Damit die Schüler ihre Hausaufgaben erledigen können, müssen wir für das richtige Eintragen ins Hausaufgabenheft sorgen und Tipps für die eigentliche Anfertigung der Hausaufgabe zu Hause geben. Auch wenn es selbstverständlich oder gar überflüssig sein mag, sind sie hier bewusst noch einmal notiert. Denn gerade zu Beginn des 5. Schuljahres lohnt es sich, kleinschrittig vorzugehen und dafür Zeit und Mühe aufzuwenden, bis das Verfahren eingespielt ist.

- Alle Kollegen achten darauf, dass die Hausaufgabenhefte zu Beginn der Stunde bereitliegen – vor allem auch in den Fachräumen. Fehlende Hausaufgabenhefte müssen eine Konsequenz zur Folge haben (die im Kollegium verabredet werden sollte).
- Die Aufgaben werden rechtzeitig, d.h. nicht erst kurz vor dem Klingeln, bekannt gegeben, damit die Schüler genug Zeit zum Eintragen haben.
- Als Hilfe werden die Hausaufgaben (auch mündliche) an der Tafel notiert, damit sie auch richtig eingetragen werden.
- Zur Unterstützung der Schüler sollten die Hausaufgaben auch ins Klassenbuch und noch an eine gesonderte Tafel oder Pinnwand im Klassenraum notiert werden. Letzteres kann der Klassenbuchführer übernehmen, sodass jeder Schüler die Möglichkeit hat, fehlende Einträge nachzuholen.
- Die Schüler tragen die Hausaufgaben an dem Tag ein, an dem sie fertig sein müssen (und auch der Lehrer trägt so ins Klassenbuch ein).
- Gibt es keine Hausaufgaben, tragen die Schüler auch das ein, damit die Eltern Bescheid wissen, dass der Eintrag nicht einfach vergessen wurde.
- Für die Erledigung der Hausaufgaben sollen sie in Portionen eingeteilt werden. Dabei müssen die Lehrer manchmal noch eine Hilfe geben.
- Die Lehrer weisen hin und wieder darauf hin, mündliche und schriftliche Hausaufgaben abzuwechseln. Sie erinnern an den Nutzen dieses Vorgehens.
- Hausaufgaben sollten kontrolliert werden. Es empfiehlt sich, Stichproben einzusammeln und den Schülern Rückmeldungen zu geben.
- Mündliche Hausaufgaben sollten kontrolliert, d.h. abgefragt werden.
- Hausaufgabenhefte werden, zumindest in Klasse 5, hin und wieder eingesammelt und zensiert.

TÜV für Hefte und Mappen

Christine Fricke

1 Unterrichtsstunde

Methodenkompetenz: Heft- und Mappenführung

Spätestens kurz vor den Zeugnissen ist es wieder so weit: Die Lehrer sammeln die Mappen ein! Panikartig kopieren einige Schüler die Mappe der ordentlichsten Mitschülerin, die Lehrer verbringen Stunden mit der Mappen-Sichtung. Dabei geht es gar nicht um eine „schöne Mappe" als Selbstzweck, sondern um die Arbeitsweise. Und die Arbeit der Lehrer könnte um einiges leichter sein, wenn folgende Voraussetzungen erfüllt wären:

a) Die Schüler wissen genau, worauf Wert gelegt wird, d.h., sie kennen die Kriterien für eine sinnvolle und angemessene Heft- und Mappenführung.
b) Alle Lehrer der Schule sind sich einig über diese Kriterien und legen dieselben Maßstäbe an, sodass Diskussionen unterbleiben.
c) Einen Teil der Mappen-Kontrolle leisten die Schüler selbst, im Sinne einer Selbstüberprüfung.

Der Mappen-TÜV soll hierfür eine Hilfe sein. Er wird jeweils zu Beginn des Schuljahres eingeführt, sodass die Schüler wissen, was von ihnen erwartet wird und damit sie eine Hilfe für die zukünftige Arbeit erhalten. Je nach Bedarf eines Faches kann er abgewandelt oder auch den Anforderungen verschiedener Jahrgangsstufen angepasst werden. Ein Konsens über die Kriterien und ihre Gewichtung innerhalb der Fachschaft – oder besser noch innerhalb des Gesamtkollegiums – ist unverzichtbar, damit die Schüler eine eindeutige Orientierung haben.
In der Einführungswoche der 5. Klassen wird eine einfachere Version eines Mappen-TÜVs vorgestellt (vgl. „Lernkompetenz I" für das 5./6. Schuljahr). Die vorliegende Version ist für geübte Schüler ab Jahrgangsstufe 7 geeignet.

Ziele

- **Kriterien für eine sinnvolle Heft-und Mappenführung kennen**
- **Hefte und Mappen anhand des TÜV selbstständig führen und überprüfen können**

Materialliste

- Anlage 1 — Klassensatz und Folie für den Lehrer
  Vorbereitete Beispiele auf Folie

Planungsverlauf

A 10 Min. Einführung

Der Lehrer zeigt eine Kopie aus dem Heft oder der Mappe eines Schülers auf Folie (schlechtes Beispiel). Die Schüler äußern sich spontan dazu. Vorstellung von Thema und Nützlichkeit einer sinnvollen Heft- und Mappenführung:
Es kommt darauf an, dass die Mappe vollständig und chronologisch geordnet ist, denn sie ist eine wichtige Grundlage für die Vorbereitung von Tests und Arbeiten.

- Man sollte sich schnell in der Mappe orientieren können. Dafür ist ein aussagekräftiges Inhaltsverzeichnis sinnvoll, in dem die Themen der einzelnen Seiten inkl. Seitenzahl eingetragen werden (nicht nur Datum und „AB“).
- Für die einzelnen Seiten gilt: Man sollte auf einen Blick sehen können, worum es auf der entsprechenden Seite gerade geht.
- Es geht einerseits um Vollständigkeit und Reihenfolge der Seiten, andererseits um eine übersichtliche Form der Aufzeichnungen.

Jede Einzelseite in eine Klarsichthülle zu stecken, möglichst viele selbst gemalte Bilder oder viele unbearbeitete Ausdrucke aus dem Internet anzufügen ist dagegen überflüssig.

B 20 Min. Besprechung der einzelnen Kriterien

Zugunsten einer zügigen Vorstellung der Kriterien wird auf deren Erarbeitung durch die Schüler verzichtet, zumal in diesem Fall das Kollegium die Erwartungen festgelegt hat.
Die Schüler lesen die einzelnen Punkte vor und beschreiben mit eigenen Worten, was genau gemeint ist bzw. was zu vermeiden ist. Bei Bedarf zeigt der Lehrer Beispiele auf Folie zur Veranschaulichung des Gemeinten.

C 10 Min. Wiederholung und Anwendung

Folien mit Beispielen aus Schüler-Mappen werden aufgelegt. Die Schüler machen jeweils Verbesserungsvorschläge dazu.

Oder:
Anlage 1: Arbeitsblatt

Je nachdem, wann im Schuljahr der TÜV eingeführt wird und wie voll die Mappen und Hefte der Schüler sind, kann schon mit ihrer Überprüfung durch die Schüler begonnen werden, entweder in Einzelarbeit oder als gegenseitige Kontrolle mit dem Tischnachbarn. Die Schüler kreuzen an, ob die einzelnen Kriterien erfüllt sind oder nicht, addieren und notieren die erreichte Punktzahl im unteren Abschnitt des Arbeitsblattes. In der Regel sind sie dabei sehr kritisch mit ihren Mitschülern. Der Lehrer braucht dann nur noch grob zu kontrollieren oder Stichproben zu machen und sein Urteil dazuzuschreiben bzw. anzukreuzen.

TIPP: Wenn der Lehrer nach jeder Unterrichtsstunde 3–5 Mappen nach Zufallsprinzip einsammelt und kontrolliert, sind die Schüler gezwungen, ihre Mappen stets auf dem Laufenden zu halten.

TÜV für Hefte und Mappen *Anlage 1*

Folder check = TÜV für Hefte und Mappen

	Yes or almost always	Usually or often	Some-times or very few times	No or not at all
Completeness and order = Vollständigkeit und Reihenfolge	**3 points**	**2 points**	**1 point**	**0 points**
1. Are there any content pages? Is the content complete? = Inhaltsverzeichnis vorhanden? Vollständigkeit?				
2. Did you put your worksheets into the folder? = Arbeitsblätter eingeheftet?				
3. Are there numbers on all the pages? = Nummerierung aller Seiten?				
4. Did you always write the English date in the margin? = Immer Datum am Rand?				
5. Does the order of your pages correspond to the lessons? = Stimmt die Reihenfolge der abgehefteten Seiten mit der Abfolge des Unterrichts überein?				
6. Did you get the worksheets and do the exercises for the lessons you missed? = Arbeitsblätter besorgt und Übungen versäumter Stunden nachgearbeitet?				
7. Did you work from the beginning to the end of an exercise? = Aufgaben/Übungen bis zum Ende bearbeitet?				

Einführung eines Fehlerheftes

Marion Holwas

2 Unterrichtsstunden

Methodenkompetenz: Selbstüberprüfung

Meiner eigenen Erfahrung nach sind Schüler in der Regel sehr interessiert an einer guten Vorbereitung auf eine Klassenarbeit. Gerade in den unmittelbaren Stunden vor der Arbeit werden noch einmal wichtige Fragen gestellt, um möglichst viele individuelle Unsicherheiten auszuräumen. Die Nachbereitung allerdings behandeln Schüler leider oft stiefmütterlich: Die Note steht und damit ist das „Kapitel" erledigt. Dabei kann gerade das bewusste Analysieren der persönlich gemachten Fehler langfristig dazu beitragen, jene zukünftig zu vermeiden und einen echten Lernzuwachs zu erreichen. Im Gegensatz zur herkömmlichen Praxis, alle Fehler im Satz einmal berichtigen zu lassen, stellt das Fehlerheft daher eine gute Alternative dar.
Damit Schüler tatsächlich auch eine möglichst selbstständige Fehleranalyse betreiben können, ist es sinnvoll, die verschiedenen Fehlerkürzel zugunsten der Übersichtlichkeit auf ein gewisses Maß zu reduzieren (siehe Anlage 1).
Es hat sich auch als förderlich erwiesen, das Eintragen in die Fehlerhefte anfänglich im Unterricht beginnen zu lassen, sodass möglichst viele Verständnisfragen gestellt werden können. Später kann die Fehleranalyse dann in den Hausaufgabenbereich überführt werden. Allerdings sollte den Schülern die Fertigstellung des Fehlerheftes möglichst erst für die übernächste Unterrichtsstunde aufgetragen werden, sodass eventuelle Rückfragen am Ende der dazwischenliegenden Stunde gestellt werden können.
Ich halte auch die Bewertung des Fehlerheftes für durchaus legitim. Die Note könnte in den mündlichen Bereich einfließen und gerade Schüler mit einem schlechten Arbeitsergebnis motivieren, einen gewissen positiven „Ausgleich" dazu zu schaffen.

Material

- Anlage 1 je ein Informationsblatt pro Schüler
  1 (bevorzugt kariertes) DIN-A4-Heft ohne Rand
  grüne und einen roten Textmarker

Planungsverlauf

A 20 Min. Rückgabe der Arbeit

Der Lehrer gibt eine Übersicht über die Bewertungskriterien und die Punkteverteilung der letzten Arbeit. Anschließend bekommen die Schüler ihre Hefte zurück und können Rückfragen stellen.

B 10 Min. Einstieg

Anlage 1: Arbeitsblatt

Der Lehrer erläutert den Schülern kurz den Sinn des Fehlerheftes und bespricht mit ihnen gemeinsam die Punkte, die auf dem Informationsblatt stehen.

C 10 Min. Partnerarbeit

In Partnerarbeit schauen die Schüler in ihre Hefte und versuchen Beispiele für die verschiedenen Sparten des Fehlerheftes zu finden. Sie sollen ebenso über mögliche Erklärungsansätze für den jeweiligen Fehler diskutieren. Als Unterstützung kann das Englischbuch mit den entsprechenden Grammatikseiten dienen.

D 15 Min. Ergebnissicherung im Plenum

Einige Schülerbeispiele werden vom Lehrer gesammelt und an der Tafel notiert. Die Schüler sollten diese Notizen ebenfalls auf die Rückseite des Informationsblattes als weitere Hilfen festhalten.

E 35 Min. Einzelarbeit

Die restliche Unterrichtszeit dient der individuellen Aufarbeitung der Klassenarbeit mithilfe des Fehlerheftes. Der Lehrer steht in dieser Zeit als Ansprechpartner und Lernberater zur Verfügung.

Verbindliche Vorgaben für das Fehlerheft

1. Teile dein DIN-A3-Heft (liniert oder kariert) in drei gleich große Bereiche ein für Rechtschreibfehler **(sp)**, für Grammatikfehler **(gr)** und Wortfehler **(w)**.

   zur Erklärung:

   - Unter **gr** notiere bitte alle Zeitenfehler, d. h., die Fehler, wo du entweder eine falsche Zeit verwendet hast oder die Zeit falsch gebildet hast. Auch die Fehler "he/she/it ⇨ s" sollst du hier notieren.
   - Unter **w** notiere bitte alle Wortwahlfehler, alle Satzstellungsfehler (typisch: SVO Fehler) und alle Fehler, wo du ein Wort vergessen hast.

2. Alle Fehler werden zunächst im ganzen Satz notiert und dann auch im ganzen Satz verbessert (auch die Rechtschreibfehler!).
3. Bitte markiere den Fehler mit Rot und die Berichtigung mit Grün.
4. Die Erklärung kannst du in Deutsch notieren. Wenn du sie mal nicht weißt, ist das nicht so schlimm. Ich ergänze sie dann.
5. Insgesamt sollst du pro Arbeit mind. neun Fehler berichtigen – idealerweise drei Grammatikfehler, drei Wortfehler und drei Rechtschreibfehler.
6. Bitte lass nach jedem Beispiel eine Zeile der Übersichtlichkeit wegen frei.
7. So und nicht anders sollte die Aufteilung des jeweiligen Bereichs sein:

Mistake	**Correction**	**Explanation**
The language in Wales are English and Welsh.	The languages in Wales are English and Welsh.	Es werden zwei Sprachen erwähnt: Plural s ⇨ languages.

8. Bitte arbeite sorgfältig, sodass du möglichst keine neuen Fehler einbaust!
9. Nutz dein Fehlerheft regelmäßig als Vorbereitung auf neue Arbeiten um alte Fehler zukünftig zu vermeiden!

Dieses Blatt soll zur Erinnerung in dein Fehlerheft geklebt werden!

Vokabeltest – einmal anders

Vera Löhr

alle Klassen

Methodenkompetenz: Effektiv lernen

„Oh nein!“, „Schon wieder …“, „Was muss ich denn alles können?“ Wer kennt sie nicht, diese Reaktionen von Schülern, wenn eine Vokabelüberprüfung angekündigt wird.
Das im Folgenden skizzierte Vorgehen – regelmäßig eingesetzt – kann diese Reaktionen mindern. Es steigert erfahrungsgemäß nicht nur die Motivation des Einzelnen, sondern vermittelt auch zusätzliche Sicherheit und fördert die Übernahme von Verantwortung.
Die Schüler werden dazu aufgefordert, für ihren Sitznachbarn einen Vokabeltest (zur Unterrichtseinheit; einer bestimmten Lektion) zu erstellen. Sie verwenden ihre Bücher (bzw. Hefte, Arbeitsblätter, Vokabellisten) und erhalten alle notwendigen Vorgaben. Das können die Anzahl der Vokabeln sein, der Wechsel deutsch-französisch, französisch-deutsch, Redewendungen/kleine Sätze … In höheren Klassen bzw. Differenzierungskursen könnte die Vorgabe auch lauten, mindestens einmal einen Satz zu Ende zu schreiben, in dem die Vokabel erklärt wird, das Gegenteil zu finden, eine Verbform zu bilden (*avoir: j'ai; passé composé* = ?). Jeder Schüler muss natürlich die richtige Lösung zu den von ihm gestellten Aufgaben kennen und (am besten auf einem separaten Blatt) für die spätere Kontrolle notieren.

Wichtig ist, dass die Schüler mit der Art des Lehrers, Tests zu erstellen, vertraut sind. Das Vertraute ist gleichermaßen Hilfestellung und Orientierung. So können sie, der bekannten Überprüfung ähnlich, neben ihrer Schüler- auch die Lehrerrolle übernehmen und ihre Mitschüler „vorbereiten“.
Zusätzlich bietet dieses Verfahren die Möglichkeit, individuelle Stärken und Schwächen zu berücksichtigen. Der Lehrer, der seine Lerngruppe gut kennt, kann zusätzliche Vorgaben an Einzelne geben, z. B. „Achte darauf, dass X mindestens dreimal eine Verbform bilden muss“, „Notiere für Y nur einzelne Vokabeln, noch keine Sätze“, „Z muss unbedingt von französisch auf deutsch übersetzen“ (schwächeren Schülern ggf. zusätzliche Hilfestellung geben).
Die Sitznachbarn tauschen ihre Tests und jeder löst den des anderen. Zur Kontrolle wird anschließend wieder getauscht und der Test korrigiert. Da Schüler unbedingt Rückmeldung zu ihren Leistungen (nicht nur in Form von „gut“

oder „schlecht") brauchen, kann im Vorfeld ein einfaches Raster erklärt werden, mit dessen Hilfe jeder Schüler den Sitznachbarn „benoten" darf:

- grundsätzlich erhältst du für jede Vokabel einen Punkt, für ganze Sätze oder schwierige Redewendungen zwei
- falsche Artikel, Rechtschreibfehler = halber Punkt Abzug
- nicht gewusst oder ganz unverständlich = kein Punkt
- hast du weniger als die Hälfte der möglichen Punkte erreicht, ist dein Test nicht mehr ausreichend

Sind die Schüler erst einmal an diese Form der Überprüfung gewöhnt, funktioniert sie in der Regel relativ schnell und nimmt ca. 10–15 Minuten des Unterrichts in Anspruch.

Ziele

- **Verantwortung übernehmen**
- **Stärken und Schwächen individuell fördern**
- **„Schutz" durch Partnerarbeit gewährleisten**
- **Rückmeldung über Leistungsstand geben**

Klassenarbeiten vorbereiten (1) – einen individuellen Arbeitsplan erstellen

Joachim Blombach

1 – 2 Unterrichtsstunden

Methodenkompetenz: Selbstüberprüfung

Den Schülern sind die wichtigsten Regeln für eine sinnvolle Vorbereitung auf Klassenarbeiten aufgrund des Schwerpunkttags „Klassenarbeiten vorbereiten“ bekannt, vor allem dann, wenn das Vorgehen nach der Einführung in mehreren Fächern zunächst kleinschrittig gemeinsam mit den Schülern trainiert worden ist (vgl. Lernkompetenz I, S. 162–177). Zudem sollte dieses Procedere immer wieder ins Bewusstsein der Schüler gerufen werden.

Ein besonderer Schwerpunkt einer solchen Vorbereitungsphase ist das Ermitteln individueller Stärken und Schwächen.

Im Rahmen der individuellen Förderung von Schülern wird immer wieder betont, wie wichtig es ist, dass der Lehrer nach einer Klassenarbeit dem einzelnen Schüler dokumentiert, wo seine Stärken, vor allem jedoch auch seine Schwächen in der Klassenarbeit lagen. Damit soll zwar einerseits eine Motivation beim Lernenden aufgebaut werden (*Stärken stärken*), andererseits erhofft man sich, dass der Schüler an seinen Schwächen arbeitet, auf die ihn der Lehrer hingewiesen hat. Hier jedoch liegt häufig das Problem. Warum sollte ein Schüler gerade nach der Klassenarbeit intensiv an seinen Schwächen arbeiten? Ist die Motivation auf das langfristige Ziel zukünftig keine Fehler mehr in diesem Bereich zu machen ausreichend, um ihn zur freiwilligen Arbeit zu bewegen? Welchen Vorteil hat er kurzfristig davon? Die Realität sieht in der Regel anders aus. Die ausführlichen Hinweise auf die individuellen Fehlerquellen werden nur selten und zögerlich aufgenommen oder gar umgesetzt. Der Grund ist leicht zu benennen: Die nächste Klassenarbeit wird erst in vielen Wochen geschrieben und häufig mit einem anderen Inhalt.

Sinnvoller ist es daher, diesen Prozess, nämlich das Erkennen eigener Schwächen, vor der nächsten Klassenarbeit durchzuführen. Dann nämlich kann der Schüler einen unmittelbaren Gewinn daraus ziehen und sich mithilfe der ihm aufgezeigten Stärken und Schwächen gezielt auf die Klassenarbeit vorbereiten, um in dieser zu einer besseren Note zu gelangen.

Aus diesem Grund schlagen wir ein regelmäßiges *Check yourself* ca. 1–1 1/2 Wochen vor einer Klassenarbeit vor. Dabei sollten Inhalte und Themenbereiche überprüft werden, die Gegenstand der nächsten Klassenarbeit sind. Neben Materialien, die mittlerweile hierzu im Rahmen von Selbsteinschätzung und individueller Förderung im Kontext neuerer Lehrwerke angeboten werden[1], kann der Lehrer natürlich auch selbst ein auf seine Klasse bezogenes *Check yourself* entwickeln.
Die Motivation, Defizite auszugleichen, sind vor einer Klassenarbeit hoch. Denn mit dem Erkennen von Fehlerbereichen und dem gezielten Üben hat der Schüler ein klares, gut erreichbares Ziel vor Augen, nämlich in der anstehenden Klassenarbeit gut abzuschneiden. Selbsterkannte Fehlerquellen mithilfe von Instrumenten der Eigenkorrektur und Selbstreflexion führen zu einem höheren Erkenntnis- und Bewusstmachungsprozess mit entsprechenden Handlungsschritten als eine Fremdkorrektur mit Hinweisen von außen.

Ziele

- **Die nächste Klassenarbeit gemäß der am Schwerpunkttag erlernten Schritte vorbereiten**
- **Persönliche Stärken und Schwächen ermitteln**
- **Einen individuellen Übungsplan erstellen**
- **Individuelle Methoden zur Vorbereitung auf die Klassenarbeit nutzen**
- **Eigenverantwortung bei der Vorbereitung auf Klassenarbeiten fördern**

Material

- Anlage 1 Klassensatz
  oder entsprechende Materialien gängiger Lehrwerke

1 Vgl. u.a. Workbooks zu English G 21 *Checkpoint* bzw. eWorkbook *Self-Assessment* nach jeder Unit; English G 21, ab Band 3 Rubrik: *How am I doing*; English G 21, Klassenarbeitstrainer für Schülerinnen und Schüler zum jeweiligen Band

Planungsverlauf

A 5 Min. Einzelarbeit

Die Unterrichtsstunde sollte etwa eine Woche vor der nächsten Klassenarbeit stattfinden. Dazu bringen die Schüler ihre gesamten Materialien für den Englischunterricht mit. Der Lehrer erläutert, dass es in der heutigen Stunde darum geht, sich gemeinsam auf die nächste Klassenarbeit vorzubereiten. Dabei sollte betont werden, dass sie zwar Tipps und Hilfen für eine effektive Vorbereitung erhalten, dass ihnen jedoch niemand das Üben und Lernen abnehmen kann.

B 10 Min. Plenum – Erarbeitung

In Form eines Unterrichtsgesprächs entwickelt der Lehrer zusammen mit den Schülern eine Mindmap, auf deren Äste die Inhalte der anstehenden Klassenarbeit notiert werden. Die Schüler sollen dabei selbst überlegen, welche Themenbereiche in den letzten Wochen im Unterricht bearbeitet worden sind, wozu sie ihr Lehrwerk, Hausheft, Workbook usw. zu Rate ziehen können. Sie übertragen die Mindmap in ihr Heft.

C 30–40 Min. Einzelarbeit – Erarbeitung

Anlage 1: Arbeitsblatt

Der Lehrer teilt das Arbeitsblatt aus und erläutert die Aufgabe. Jeder Schüler soll für sich diesen Test schreiben. Der Lehrer macht deutlich, dass er den Test nicht einsammeln und auch nicht Schüler auffordern wird, ihre Ergebnisse mitzuteilen. Niemand wird das Ergebnis erfahren. Wichtig ist, dass jeder Schüler ehrlich mit sich selbst ist und die große Chance nutzt, herauszufinden, was er schon gut kann und an welchen Stellen er noch Probleme hat.
Die Schüler bearbeiten in Einzelarbeit das Arbeitsblatt.

D 10 Min. Einzelarbeit – Auswertung

Jeder Schüler erhält, sobald er fertig ist, einen Lösungsbogen mit dem Auftrag, seine Arbeit selbst zu kontrollieren und zu korrigieren. Anschließend soll er den damit verbundenen Selbsteinschätzungsbogen auf *Anlage 1* ausfüllen. Wichtig dabei ist, dass jeder Schüler sein Lehrwerk als Nachschlagewerk kennengelernt hat und so in den unterschiedlichen Rubriken (*grammar file, skills file,* Vokabeln, Übungsbereiche usw.) nachschlagen kann. Der Hinweis: „Wo finde ich diese Hinweise im Buch?“ soll den Lernenden dazu veranlassen, selbstständig das Buch als Nachschlagewerk zu nutzen, um auch so zu Hause eigenständig üben und lernen zu können.

E 15 Min. Reflexion

Jeder Schüler formuliert für sich, wo er noch Defizite erkannt hat. Gemeinsam wird noch einmal besprochen, wie man die erkannten Probleme bearbeiten kann und welche Hilfsmittel dazu zur Verfügung stehen. Natürlich sollte auch darauf hingewiesen werden, wie hilfreich es ist, sich gemeinsam mit anderen Mitschülern nachmittags zu treffen und miteinander zu lernen und zu üben. Und selbstverständlich steht auch der Englischlehrer zur Beratung zur Verfügung.

Damit ergibt sich für jeden Lernenden ein individueller Lernplan für die Vorbereitung der Klassenarbeit. Dieser beinhaltet die Anwendung unterschiedlicher Techniken des Vokabellernens, des Klärens nicht verstandener Inhalte mithilfe von Nachschlagewerken sowie die erneute Bewusstmachung von *favourite mistakes*, die sie in ihr Fehlerheft individuell notiert haben (vgl. Arbeit mit einem Fehlerheft, S. 25). Ein Teil der Hausaufgaben in den nächsten Tagen besteht darin, täglich 20 Minuten für die Arbeit zu üben. Die Schüler dokumentieren in ihrem Hausaufgabenheft oder in ihrer Mappe die erledigten Tages-Portionen: Sie schreiben auf, was sie wie lange mit welchem Übungsmaterial bearbeitet haben und wie erfolgreich dies war (z.B. +, o, –).

Anmerkung: Diese Form der Arbeit muss als länger angelegter Prozess verstanden werden, um die Ehrlichkeit sich selbst gegenüber und die Entwicklung von Eigenverantwortung zu fördern und zu stärken. Erkennen Schüler, dass es in dieser Phase nur um sie selbst geht und nicht um die Darbietung bzw. Rechtfertigung ihres Könnens vor anderen, führt dies – aus unserer Erfahrung – zu einer sehr ehrlichen Selbsteinschätzungskompetenz. Idealerweise wird dieser Prozess gefördert, wenn ein solches Vorgehen auch in anderen Fächern stattfindet (vgl. dazu: Lernkompetenz Mathe, S. 35–37).

Klassenarbeiten vorbereiten (1) *Anlage 1*

Check yourself

1. Asking questions in the past. In English, please.

Was sagst du, wenn du wissen möchtest,

a) was die Familie deines Freundes Weihnachten gemacht hat.

b) wo dein Freund gestern war.

c) wann die Römer Chester verlassen haben.

d) wen Sophie nach der Schule angerufen hat.

e) warum dein Freund gestern nicht zur Schule gegangen ist.

f) was dein Freund zu Weihnachten bekommen hat.

g) wann dein Lehrer am 31. Dezember ins Bett gegangen ist.

h) ob deine Klassenkameraden Weihnachten mögen?

2. Asking the way.

Look at the map on page XX.

You are standing at the bus stop in London Road. A tourist asks you the way to the post office, and you tell him the way. Write the dialogue.

3. Writing a text.

Yesterday – Sita – run home – school/She – go downstairs – to restaurant./Parents – be – busy there/She – wait and – wait, but her parents – not see – her/She – sit down – table and – wait – again/Twenty minutes later – parents – come – to table/"Happy birthday" they say./ – Then – they – go – kitchen/brother – be there, too./He – not say "happy birthday", but – he – sing – nice birthday song – to her./in corner – of kitchen – Sita – see – birthday present./It – be – new bike

4. What are they? Explain in English.

e.g. supermarket: You can buy lots of things there.

1. bus stop – 2. bank – 3. traffic lights – 4. post office

5. Write down three things you mustn't do at school and three things you needn't do at home.

Klassenarbeiten vorbereiten (2) – Dokumentationsbogen zur Effektivität der Vorbereitung

Peer Brändel

Methodenkompetenz: Selbstüberprüfung

Schülern am Beginn der Sekundarstufe I fällt es erfahrungsgemäß schwer, sich gezielt nach ihren Bedürfnissen auf Klassenarbeiten vorzubereiten. Häufig wissen sie nicht, wie sie Defizite oder Unsicherheiten abbauen können. Das folgende Vorgehen (am Beispiel von EG21/B1/Welcome Unit) gibt ihnen die Möglichkeit, vor der Arbeit individuelle sprachliche Schwächen festzustellen, dann zur Vorbereitung Aufgaben auszuwählen, um diese abzubauen und nach Rückgabe der Klassenarbeit zu überprüfen ob die Vorbereitung effektiv war.

Ziele

- **Die eigene sprachliche Kompetenz einzuschätzen lernen**
- **Übungsmöglichkeiten zu suchen und auszuwählen**
- **Die systematische Vorbereitung auf eine Testsituation lernen**
- **Eine Rückmeldung zur eigenen Einschätzung der sprachlichen Fähigkeiten erhalten**
- **Ein Feedback zur Effizienz der Arbeit an individuellen Defiziten erhalten**
- **Sich im selbstständigen Arbeiten üben**

Material

- Anlagen 1 und 2 jeweils Klassensatz

Arbeitsschritte

1. Die Schüler führen einen Test durch, der die oben genannten Inhalte überprüft (die Aufgaben kann der Lehrer dem Schülerbuch, Workbook oder anderen Materialien entnehmen).
2. Im Anschluss werden die Ergebnisse im Plenum besprochen.
3. Jeder Schüler erhält ein Arbeitsblatt (*Anlage 1*) und entscheidet auf der Basis seines Ergebnisses, in welchem Bereich weitere Übung notwendig ist, indem er ein Kreuz an die betreffende Stelle in der ersten freien Spalte setzt.
4. Die Klasse sucht arbeitsteilig (anfangs kann der Lehrer ggf. die Übungsaufgaben vorgeben) in Kleingruppen sinnvolle Übungsmaterialien für die genannten Schwerpunkte heraus.
5. Im Plenum werden die Vorschläge an der Tafel gesammelt und von den Schülern in die zweite freie Spalte eingetragen.
6. Die Schüler bearbeiten (z.B. zu Hause oder im Förderunterricht), je nach Defizit, individuelle Bereiche und tragen das Datum der Bearbeitung in die dritte freie Spalte ein.
7. Die Erziehungsberechtigten dokumentieren durch ihre Unterschrift die Kenntnisnahme der Vorbereitung (ebenso auf dem Brief, s. *Anlage 2*).
8. Die Schüler bringen den Vorbereitungsbogen mit zur Klassenarbeit.
9. Der Lehrer trägt, nachdem er die Arbeit korrigiert hat, die möglichen bzw. erzielten Punkte der Schüler in die letzte Spalte ein und gibt das Blatt zusammen mit der Klassenarbeit zurück. Klassen, die dieses Verfahren kennen, übernehmen (im Rahmen der Verbesserung) diese Eintragungen. (Die Nummerierung ist mit der Nummerierung der Aufgaben in der Klassenarbeit identisch.)
10. Der Lehrer bespricht den Bogen mit der Klasse. Er verweist auf den Zusammenhang zwischen den festgestellten Defiziten, der Übung und dem Ergebnis in der Klassenarbeit.
11. Der Lehrer kann den Bogen für individuelle Förderempfehlungen bzw. zur Beratung (Elternsprechtag) nutzen.

Klassenarbeiten vorbereiten (2) *Anlage 2*

Fachlehrer Englisch

Logo der Schule

Betrifft: Klassenarbeitsvorbereitung

XX.XX.XXXX

Liebe Eltern,

für die erste anstehende Klassenarbeit in Englisch habe ich für die Klasse einen „Vorbereitungsplan“ aufgestellt, der den Kindern zum einen einen Überblick geben soll, was sie in der Arbeit erwartet, zum anderen Möglichkeiten anbietet, auf Gebieten, die noch nicht sicher beherrscht werden, durch gezieltes Üben besser zu werden. Ihre Kinder sollen somit Möglichkeiten aufgezeigt bekommen, wie sie sich in Zukunft zunehmend selbstständig(er) und effektiv(er) auf Klassenarbeiten vorbereiten können. Für die ersten Arbeiten wäre ich Ihnen dankbar, wenn Sie Ihre Kinder dabei unterstützen, indem Sie sich das Vorbereitungsblatt von Ihrem Kind erklären lassen und auf seine Bearbeitung achten. Dabei sollte Ihr Kind in erster Linie die Punkte bearbeiten, bei denen es noch unsicher ist.

Wenn Ihr Kind seine Vorbereitungen für die Arbeit abgeschlossen hat, bestätigen Sie Ihre Kenntnisnahme bitte durch Ihre Unterschrift. Nach der Rückgabe der Klassenarbeit können Sie dem Bogen entnehmen, wie effektiv die Vorbereitung Ihres Kindes war.

Ich danke Ihnen für Ihre Unterstützung!

Mit freundlichen Grüßen

Klassenarbeiten korrigieren – Feedbackbogen zu Schreibleistungen

Peer Brändel

Methodenkompetenz: Evaluation

Texte von Schülern (u.a. in Klassenarbeiten) dienen meist der Leistungsfeststellung und somit der Zertifizierung. Sie bieten darüber hinaus zusätzlich eine gute Möglichkeit, individuelle Stärken und Schwächen von Schülern festzustellen, d.h., sie als Grundlage für Aussagen zur Schreibkompetenz zu nutzen. Voraussetzung dazu ist eine differenzierte Betrachtung der Texte mittels kriterialer Bewertungsmaßstäbe.
Diesen liegen bestimmte Kriterien zugrunde, die sich aus den Kompetenzerwartungen der Bildungsstandards und der daraus abgeleiteten Kernlehrpläne zum Ende der 10. Jahrgangstufe ergeben. Dies sind Inhalt, Darstellungsleistung und sprachliche Korrektheit.
Der systematische Aufbau von Schreibkompetenz ist durch die Kernlehrpläne vorgegeben. Die Progression ist in den Doppeljahrgangsstufen definiert.
Die folgenden Rückmeldebögen sind als diagnostisches Instrument zu verstehen, das die Stärken und Schwächen der Schüler bei Schreibleistungen in Abhängigkeit von den Kompetenzerwartungen in den jeweiligen Jahrgangsstufen differenziert erfasst. Die Bögen können als Grundlage für individuelle Förderempfehlungen genutzt werden.
Die Bögen sind variabel einsetzbar: So kann z.B. ein inhaltlicher Erwartungshorizont ergänzt werden. Die Gewichtung der einzelnen Bereiche ist als Vorschlag zu verstehen. So wird in den unteren Jahrgangsstufen die sprachliche Korrektheit anteilig höher gewichtet als in den oberen Klassen.

Material

- Anlagen 1–5 jeweils Klassensatz

Rückmeldebogen für Schreibleistungen, Jahrgangsstufe 5

		Gewichtung	ZP10[1]	Mögliche Punkte	Erzielte Punkte
Inhaltliche Leistung	• beschreiben	35 %	48 %		
Sprachliche Leistung/ Darstellungsleistung					
	• Gedankengang schlüssig aufgebaut und verständlich formuliert	15 %	30 %		
	• textsortenspezifische Merkmale				
	• variiert den Satzbau				
Sprachliche Korrektheit	• Orthographie	10 %	22 %		
	• Grammatik	30 %			
	• Wortschatz	10 %			
Gesamt					

[1] Zentrale Prüfung am Ende der Jahrgangsstufe 10 in NRW: vorgegebenes Gewichtungsverhältnis

Gruppenkorrektur von Texten

Joachim Blombach

1 Unterrichtsstunde

Methodenkompetenz: Proofreading, Editing

Die Produktion von schriftlichen Texten sollte idealerweise bei Schülern nach abgestimmten Schrittfolgen erfolgen. Dazu gehört ein Brainstorming, eine Strukturierung der Gedankenfolge, das Schreiben des Textes (evtl. unterteilt nach erstem Grobentwurf und Reinschrift) und schließlich der Überarbeitung im Sinne eines *editing*. Gerade dieser letzte Schritt, das selbstständige Korrigieren des fertigen Textes und Überprüfen auf seine inhaltliche Schlüssigkeit einerseits, aber auch auf seine formale Korrektheit – gerade in der Fremdsprache – andererseits, bereitet Schülern enorme Schwierigkeiten. Das liegt zum einen an der Komplexität der Aufgabe, nämlich beim Lesen gleichzeitig syntaktische, semantische und orthographische Fehler zu erkennen und zu verbessern. Alle drei Fehlergruppen lassen sich noch in diverse Untergruppen aufteilen. Zum anderen liegt es jedoch auch daran, dass dieser recht schwierige Bereich im Unterricht eher stiefmütterlich oder häufig überhaupt nicht behandelt wird. Eine Methode, bei Schülern allmählich ein Fehlerbewusstsein zu entwickeln, ist die sogenannte *editing assembly line*.

Ziele

- **Sich kognitiv mit Fehlertherapie auseinandersetzen**
- **Fehlerbewusstsein steigern**
- **Auf eine individuell gezielte Fehlerkorrektur nach dem Schreiben von Texten vorbereiten**
- **Teamfähigkeit stärken**

Material

Texte der jeweiligen Gruppenmitglieder

Planungsverlauf

A 5 Min. Einstieg

Einteilung der Klasse in 6er-Gruppen. Die Mitglieder einer Gruppe arbeiten arbeitsteilig zusammen. Zunächst werden Spezialisten zu bestimmten „Korrekturbereichen“ in der Gruppe bestimmt (Tenses, Rechtschreibung, Präpositionen usw.). Dies muss je nach Text oder Klassenstufe individuell mit der Klasse festgelegt werden.

B 25 Min. arbeitsteilige Gruppenarbeit

Die im Folgenden vorgegebenen Schwerpunktbereiche sind je nach Klassensituation austauschbar.

Ablaufverfahren

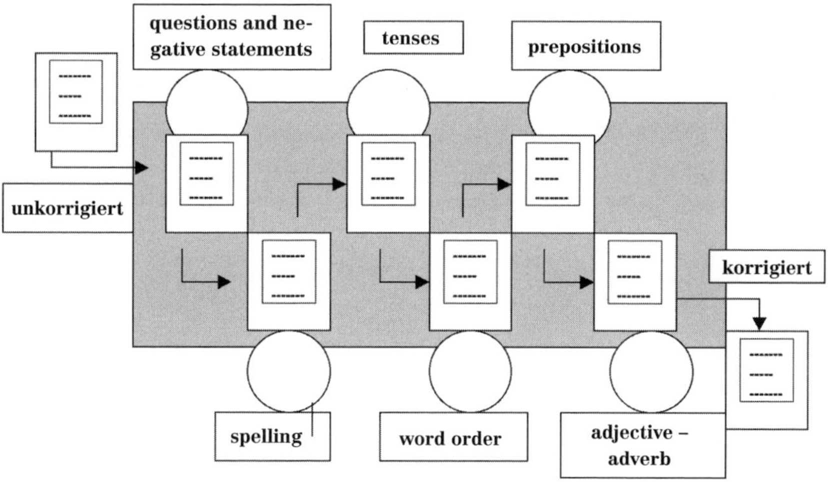

C 15 Min. ggf. Auswertung im Plenum

Im gemeinsamen Gespräch werden an der Tafel wesentliche, von den Schülern erkannte Fehlerquellen gesammelt und besprochen. Sollte jeder Schüler ein persönliches Fehlerheft führen (vgl. S. 25 f.), werden typische *common mistakes* mit ihren entsprechenden korrekten Formen eingetragen.

Vorteile der Methode *editing assembly line*:

- Alle Schüler setzen sich kognitiv mit Fehlertherapie auseinander.
- Das Fehlerbewusstsein des Einzelnen wird deutlich gesteigert.
- Die Konzentration auf „typische“ Fehlerquellen wechselt.
- In der Gruppe existiert ein gewisser Schonraum.
- Die Schreibprodukte jedes Einzelnen sind von Bedeutung und werden gemeinsam „bearbeitet“.
- Die Teamfähigkeit wird gestärkt.

Anmerkung: Die Anzahl der Spezialisten hängt von der Anzahl der zu korrigierenden Aspekte ab. Die vorgegebenen Zeiten differieren nach Umfang der Texte, der Jahrgangsstufe und der Routine, die Schüler in dieser Technik besitzen.
Es ist auch durchaus möglich, jede Position doppelt zu besetzen, um damit die Sicherheit zu erhöhen.
Die Positionen sollten im Laufe der Verfahren immer wieder gewechselt werden, sodass sich nach und nach Schüler unterschiedliche „Fehlerbereiche“ bewusstmachen.
Schüler, die in diesem Verfahren geschult sind, können allmählich gleichzeitig mehrere Bereiche (z.B. *prepositions* und *word order*) übernehmen. Dabei sollten sie jedoch darauf hingewiesen werden, dass sie auch hier wieder stufenweise vorgehen.

Partnercheck

Joachim Blombach

Kooperatives Lernen: Partnercheck

Eine einfache, sehr leicht umzusetzende und nahezu universell einzusetzende Methode ist der sogenannte Partnercheck. Er eignet sich in besonderer Form, im Frontalunterricht frontale Phasen aufzubrechen und vor allem alle Schüler zur Mitarbeit zu bewegen. Dazu jedoch zunächst einmal ein Blick auf den Ablauf im „normalen" Frontalunterricht: Der Lehrer stellt eine Frage oder setzt einen Impuls, wartet wenige Sekunden und nimmt dann einen sich meldenden Schüler dran (meist aus einer geringen Menge von Meldungen). In der Regel gibt er sich damit zufrieden und ist froh, dass sich Schüler überhaupt melden. Dabei geht er von der falschen Annahme aus, dass alle sich nicht meldenden Schüler den von ihm angestoßenen Denkprozess selbstverständlich auch für sich durchgeführt haben und setzt so seinen Unterricht fort.
Wir können jedoch davon ausgehen, dass in der Tat nur ein geringer Teil der Schüler in solchen Phasen aktiv bei der Sache ist und diese Form des Unterrichts vor allem nutzt, um sich mental zurückzuziehen. Das kann unterschiedliche Ursachen haben. Es können Bequemlichkeitsgründe sein oder es besteht für die Schüler keine zwingende Notwendigkeit, sich innerlich am Unterrichtsgeschehen zu beteiligen; die Zeit zwischen Lehrerimpuls und erwarteter Antwort ist möglicherweise zu kurz oder Schüler sind unsicher bei der Lösungsfindung und haben Angst vor öffentlicher Blamage.
Hier kann der Partnercheck Abhilfe schaffen. Er basiert – wie nahezu alle kooperativen Lernformen – auf dem dreischrittigen Prinzip *Think-Pair-Share* (Denken – Austauschen – Vorstellen). Anstatt nach einer Frage oder einem Impuls einen Moment auf Meldungen zu warten, gibt man den Schülern zunächst einmal Gelegenheit, ihre gefundene Antwort (= *Think*) mit ihrem Partner auszutauschen oder abzugleichen *„Check your answer with your partner"* (= *Pair*). Je nach Komplexität der Frage bzw. des Impulses gibt man den Partnergruppen Zeit für diesen Austausch. Dann erst fordert man zur Antwort im Plenum auf (*Share*). Alle Erfahrungen zeigen, dass auf diese Weise nicht nur die aktive Mitarbeit im Unterricht deutlich gesteigert wird. Es wird auch sichergestellt, dass a) alle Schüler zu einem Denkprozess angeregt werden, b) auch die schwächeren und lernlangsameren Schüler Zeit zum Denken und Reagieren haben, c) durch den Austausch *face-to-face* jeder agieren und reagieren muss und d) unsichere Schüler in einem zunächst geschützten Raum ihre Antworten überprüfen können.

Vier Ecken im Fremdsprachenunterricht

Vera Löhr

Kooperatives Lernen: Vier Ecken

Diese Variante der kooperativen Lernform *Vier Ecken* (kombiniert mit dem klassischen *Vier Ecken-Raten*) eignet sich hervorragend zur (spielerischen) Überprüfung unterschiedlichster Kenntnisse im Fremdsprachenunterricht und kann jederzeit in jeder Jahrgangsstufe eingesetzt werden. Damit kann ein bestimmtes Thema, beispielsweise eine bestimmte Lektion oder ein anderer komplexer Sachverhalt, von verschiedenen Seiten „überprüft“ werden.
Nach Nennung des Themas erhält jede Ecke im Klassenraum einen bestimmten Schwerpunkt (bei einer Lektion z. B. Vokabular, neue Grammatik, Landeskunde, Textkenntnis), der auch visualisiert werden sollte. Jeder Schüler ordnet sich einer Ecke zu, d. h., er wählt den Schwerpunkt, in dem er sich (zum Zeitpunkt der Überprüfung) am sichersten fühlt. Die Größe der Gruppen kann daher (wie immer bei *Vier Ecken*) stark variieren. Ist die Lerngruppe zu groß, kann das ganze Spiel auch in zwei Durchgängen gespielt werden. In diesem Fall sollte das Plenum in das Stellen der Fragen eingebunden werden.
Nun stellt der Lehrer nacheinander jeder Ecke eine Frage. Die Gruppe „Vokabular“ erhält entsprechend eine Vokabelfrage, die Gruppe „Grammatik“ eine Grammatikfrage usw. Sie hat 5 (–10) Sekunden Zeit zur Beratung einer Antwort. Ist diese richtig, erhält die Gruppe einen Punkt. Auch bei falscher Antwort (= 0 Punkte) ist danach automatisch die nächste Gruppe an der Reihe.
Vor Spielbeginn sollten Schüler und Lehrer festlegen, wie viele Runden gespielt werden. Bei gleichem Punktestand kann eine Stichfrage gestellt werden. In einem zweiten Durchgang ordnen sich die Schüler einer anderen Ecke zu (ggf. sogar einer, in der sie ihre Kenntnisse am schwächsten einschätzen). **Wichtig:** Ist eine Gruppe an der Reihe, verhalten die anderen Gruppen sich ruhig!

Ziele

- **Komplexe Sachverhalte (z. B. vor Klassenarbeiten) wiederholen**
- **Den eigenen aktuellen Leistungsstand überprüfen**
- **Sicherheit durch Beratung in der „Experten-Ecke“ gewinnen**

Jahrgangsstufe 5

Buddy check – pair editing

Peer Brändel

30 Minuten

Methodenkompetenz: Selbst- und Fremdüberprüfung

Kooperatives Lernen: Buddy check

Mit der folgenden Übung festigen die Schüler die Schreibweise von bekanntem Vokabular in Zusammenarbeit mit einem Partner.

Ziele

- **Die Schreibweise von schwierigen Vokabeln prüfen**
- **Ergebnisse in Partnerarbeit überprüfen**

Material

- Anlage 1 Klassensatz
  Schülerbuch/Vokabelheft

Planungsverlauf

A 7 Min. Vorbereitung

Anlage 1: Arbeitsblatt

Jeder Schüler schreibt aus der laufenden bzw. einer vorgegebenen Unit des Schülerbuches acht englische Vokabeln auf, deren Schreibweise Schwierigkeiten bereitet.
Die Vokabeln werden auf die dafür vorgesehenen Linien des Arbeitsblattes geschrieben.

B 7 Min. Partnerarbeit 1

Die Schüler setzen sich zur Partnerarbeit zusammen. Partner 1 diktiert seine notierten zehn Vokabeln. Partner 2 schreibt diese in die erste Spalte (*Words*) seiner Tabelle.
Im Anschluss überprüft Partner 1 die geschriebenen Vokabeln und vermerkt in der zweiten Spalte (*Check 1*), ob das betreffende Wort richtig oder falsch geschrieben wurde.

C 3 Min. Partnerarbeit 2

Partner 2 überarbeitet die falsch geschriebenen Vokabeln und schreibt sie noch einmal in die dritte Spalte (*Try again*).
Partner 1 überprüft die erneut geschriebenen Wörter und vermerkt in der vierten Spalte (*Check 2*), ob die betreffenden Wörter richtig oder falsch geschrieben wurden. Erneut falsch geschriebene Wörter werden von Partner 1 verbessert.

D 10 Min. Partnerwechsel

Partner 2 diktiert Partner 1 nun seine aufgelisteten Vokabeln.
Weiterer Verlauf wie oben.

E 3 Min. Festigung

Im Anschluss schreibt jeder Schüler seine falsch geschriebenen Vokabeln noch einmal in die letzte Spalte (*Correct spelling*).
Die Schüler werden nach einiger Zeit (z.B. nächste Englischstunde) aufgefordert, die geübten Vokabeln zu rekapitulieren und (aus dem Gedächtnis) aufzuschreiben.

Alternative: Partner 1 lässt sich die von ihm aufgeschriebenen Vokabeln diktieren und überprüfen. So ist gewährleistet, dass jeder Schüler die Schreibweise der Vokabeln festigt, die ihm schwerfällt. Ebenso verfährt Partner 2.

Buddy check – pair editing

1. Schreibe acht schwere englische Vokabeln aus unit ________________ hier auf:

________________	________________
________________	________________
________________	________________
________________	________________

2. Diktiere sie nun nacheinander deinem Partner. Er schreibt sie in die erste Spalte seiner Tabelle.
3. Überprüfe Buchstaben für Buchstaben, ob das Wort richtig geschrieben ist. Schreibe in die Spalte Check 1 ein ✓ (richtig) oder ein ✗ (falsch).
4. Lasse deinen Partner die falschen Wörter noch einmal schreiben.
5. Überprüfe erneut in der Spalte Check 2. Diesmal werden falsche Wörter verbessert.
6. Dein Partner schreibt das Wort noch einmal richtig in die letzte Spalte.

Words	**Check 1**	**Try again** (Versuche es noch einmal)	**Check 2**	**Correct spelling** (Richtige Schreibweise)

Talking about sports – Partner interviews

Joachim Blombach

1 Unterrichtsstunde

Methodenkompetenz: Note taking

Kooperatives Lernen: Appointment

Aufgrund meist fester Sitzordnungen im Klassenraum finden fremdsprachliche und damit auch soziale Interaktionen der Schüler untereinander meist mit demselben Partner statt. Selbst bei Partner- oder Gruppenarbeiten arbeiten häufig dieselben Schüler miteinander. Dieses rigide System aufzubrechen und möglichst jeden mit jedem immer wieder arbeiten zu lassen, ist ein wichtiges Ziel des kooperativen Lernens. Hier hilft das *Zufallsprinzip* beim Zusammenstellen von (Partner-)Gruppen. Dazu bietet das kooperative Lernen unterschiedlichste Methoden. Eine dieser sehr einfachen, aber leicht und universell umsetzbaren ist das *Appointment*. Im Rahmen des Themas Sport sollen die Schüler ihre eigenen Erfahrungen versprachlichen und sich gegenseitig interviewen.

Ziele

- **Den Wortschatz zum Wortfeld *sports* anwenden**
- **Im Interview Fragen zu diesem Thema stellen und beantworten**
- **Einfache Notizen zu Antworten machen**
- **Eigene Notizen versprachlichen**
- **Kurze Texte über sich bzw. Mitschüler auf Basis der Notizen schreiben**

Material

- Anlage 1 Klassensatz

Planungsverlauf

A 5 Min. Plenum – Hinführung

Der Lehrer führt z. B. über eine Vokabelwiederholung zum Wortfeld *sports* auf das Thema der Stunde hin. Er erläutert kurz das Vorhaben.

B 5 Min. Partnersuche

Anlage 1: Arbeitsblatt (Interviewbogen)

Der Lehrer teilt das Arbeitsblatt aus und erläutert das konkrete Vorgehen. Dann fordert er die Schüler auf, sich für die auf dem Arbeitsblatt genannten Uhrzeiten mit jeweils einem Mitschüler aus der Klasse zu verabreden und dessen Namen hinter die Uhrzeit zu schreiben. Haben sich Anna und Hauke z. B. für *2 o'clock* verabredet, schreiben beide den Namen des anderen unter *2 o'clock* auf. Das soll möglichst in sehr knapper Zeit erfolgen (z. B. eine Minute), was kein Problem bei Klassen darstellt, die diese Form des Arbeitens kennen. Während man noch bei der ersten Verabredung mit seinem „Freund" einen Termin findet, ist dies danach nicht mehr möglich, da jeder froh sein muss, noch jemanden zu weiteren „freien" Verabredungen zu finden. Auf diese Weise wird die Klasse bei der nun folgenden Arbeit miteinander gut „gemischt". Das heißt auch, dass vor der Durchführung der Partnerarbeit festgelegt wird, mit welchen Partnern man später zusammenarbeitet, was dann zu einem schnellen und ruhigen Partnerwechsel führt.
Zum Schluss überprüft der Lehrer, ob alle Schüler zu jeder Uhrzeit auch einen Partner gefunden haben. Wenn nicht, wird dies an dieser Stelle nachgeholt.

Anmerkung: Anstatt – wie auf dem Arbeitsblatt vorgesehen – fünf Uhrzeiten auszufüllen, kann man sich auch auf weniger beschränken (z. B. *1–3 o'clock*).

Planungsverlauf

A 5 Min. Einzelarbeit (Think)

Bevor sich die Schüler jedoch gegenseitig interviewen, erhält jeder zunächst Gelegenheit, sich in Einzelarbeit mit der Aufgabe vertraut zu machen und die Fragen für sich schriftlich zu beantworten.

B 15 Min. Partnerinterviews (Pair)

Im nächsten Schritt fordert der Lehrer die Klasse zur ersten Interviewrunde auf: *Everybody interviews his 2 o'clock partner.* Ist dies durchgeführt, werden nun nach jeweiliger Aufforderung die anderen Interviewpartner aufgesucht und interviewt. Bei dieser Übung wird neben der Umwälzung des Themenbereichs Sport auch in sehr geordneter Form Grammatik – nämlich die Frage mit to do – in intensiver Form angewandt und geübt.

C 15 Min. Präsentation der Ergebnisse (Share)

Im nächsten Schritt werden nun die Ergebnisse präsentiert, was auf unterschiedliche Weise erfolgen kann – je nach Leistungsstand der Klasse.

A) Einzelne items oder alle Ergebnisse können mündlich und/oder schriftlich präsentiert werden. *„Anna likes swimming and gymnastics. She goes swimming and does gymnastics. She needs a bathing suit …*

B) Anstatt die Ergebnisse „nur" zu präsentieren, kann die Präsentation auch in Form eines Ratespiels erfolgen, was besonders jüngeren Schülern großen Spaß macht. Der Lehrer bittet dafür einen Schüler, einen kurzen Bericht über einen von ihm interviewten Mitschüler vor der Klasse zu geben, während die anderen erraten oder schlussfolgern müssen, um wen es sich handelt.

C) Diese Form der Darbietung kann auch in Gruppenarbeit durchgeführt werden, was den Vorteil hat, dass möglichst alle Schüler eine Präsentation machen. Dafür wird die Klasse in 4er-(Zufalls-)Gruppen eingeteilt. Reihum präsentiert jedes Gruppenmitglied die Information über eine interviewte Person, die vom Rest der Gruppe erraten werden muss.

D Hausaufgaben

Write two texts. One about yourself and one about a classmate.

Hinweis: Das *Appointment* ist überall anwendbar, wo ein Lehrer Partnerarbeit intensiv mit möglichst wechselnden Partnern durchführen lassen möchte. Das kann sowohl bei Übungen zur Grammatik, bei Wortschatzarbeit oder aber auch bei der gegenseitigen Kontrolle von Hausaufgaben sein. In höheren Jahrgangsstufen kommt vor allem der Austausch von Wissen und Meinungen hinzu.

Talking about sports

Anlage 1

Appointment	What do you think of sport?	What sport/s do you like?	What sport/s do you do?	What do you need for your sport/s? What do you wear?	Where/When do you do your sport/s?	Do you do it/ them alone? Is it/Are they easy?	What sports do you watch (on TV)?
Me	I think sport is ______	______	I play ______	______	______	______	I watch ______
______ (1 o'clock)	thinks sport is ______	______	plays ______	______	______	______	watches ______
______ (2 o'clock)	thinks sport is ______	______	plays ______	______	______	______	watches ______
______ (3 o'clock)	thinks sport is ______	______	plays ______	______	______	______	watches ______
______ (4 o'clock)	thinks sport is ______	______	plays ______	______	______	______	watches ______
______ (5 o'clock)	thinks sport is ______	______	plays ______	______	______	______	watches ______

Running competition

Peer Brändel

10 Minuten

Mit der folgenden Übung festigen die Schüler unregelmäßige Verbformen (*irregular verbs*) im Rahmen einer bewegten *whole class activity* mit Wettbewerbscharakter.

Methodenkompetenz: Selbstüberprüfung

Kooperatives Lernen: Appointment

Ziele

- ***irregular verbs* wiederholen und festigen**
- **Ergebnisse innerhalb der Klasse (*whole class editing*) überprüfen**
- **Rollen im Rahmen einer *whole class activity* üben und einhalten**

Material

- Tafel, Kreide
- ggf. Liste mit vorgegebenen unregelmäßigen Verben (Infinitiv) 2 x

Planungsverlauf

A 2 Min. Vorbereitung

ggf. 2 Vokabellisten

Der Lehrer heftet auf jede Tafelseite eine Liste mit einer bestimmten Anzahl unregelmäßiger Verben (Infinitiv). Die Anzahl richtet sich nach der Anzahl der Schüler. Ideal ist, wenn die Zahl der Verben der Anzahl der Schüler einer

Klassenhälfte entspricht (30 Schüler = 2 mal 15 Verben). Alternativ können die Verben auch jeweils an eine Tafelseite geschrieben werden. Der Nachteil ist, dass die Verben für die Schüler dann schon sichtbar sind.

B 5 Min. Arbeitsphase 1

Der Lehrer erläutert das Vorgehen: Die Klasse wird in zwei Hälften geteilt. Je ein Schüler pro Hälfte geht an die Tafel und schreibt die *simple past* und/oder *participle form* des vorgegebenen Verbs auf „seine" Tafelseite. Er begibt sich möglichst zügig an seinen Platz zurück und übergibt die Kreide, ähnlich wie bei einem Staffellauf, an den nächsten seiner Gruppe. Dabei darf weder gerannt noch dürfen Hinweise von den nicht agierenden Schüler gegeben werden. Die Gruppe, die als erste die Vokabelliste abgearbeitet hat, bekommt einen Punkt.

C 3 Min. Arbeitsphase 2 (*group editing*)

Jede Gruppe erhält die Möglichkeit, ihre Ergebnisse zu verbessern. Dabei sollte der Lehrer die Zahl der Schüler, die verbessernd eingreifen dürfen, sowie die zur Verfügung stehende Zeit begrenzen bzw. festlegen.
Im Anschluss werden pro richtige Form Punkte an die Gruppen verteilt. Die Gruppe mit den meisten Punkten hat gewonnen.
Diese Form der Wiederholung und Festigung von sprachlichen Mitteln ist auch auf andere Inhalte übertragbar (z. B. Wochentage/Monatsnamen).

Pets

Joachim Blombach/Peer Brändel

1–2 Unterrichtsstunden

Methodenkompetenz: Lesetechniken, Note taking

Kooperatives Lernen: Expertenrunde, Gruppenpuzzle

Im Rahmen der Bearbeitung einer Unit zum Thema *pets* sollen die Schüler in einer komplexen Situation unterschiedliche kommunikative Kompetenzen anwenden und üben. Dazu gehören Lesetechniken, monologisches Sprechen, Hören und das Schreiben einfacher Texte auf der Basis von Stichwörtern. Darüber hinaus nutzen sie unterschiedliche Lerntechniken. Beim Gruppenpuzzle wird vorausgesetzt, dass die Schüler die Regeln des Mindmapping beherrschen und auch schon gelernt haben, wie man Textinhalte in einer Mindmap festhält bzw. notiert und diese dann zu produktivem Sprachhandeln (Sprechen und Schreiben) nutzen kann.

Ziele

- **Intensives Lesen und Verstehen einfacher Texte zum Thema *Pets***
- **Notizen mithilfe einer Mindmap machen**
- **Eine Mindmap versprachlichen**
- **Mündliche Informationen in einer Mindmap oder in anderer Form als Notizen aufschreiben**
- **In einer Gruppe gemeinsam ein fremdsprachliches Quiz lösen**
- **Einen Text über ein Haustier mithilfe von selbst angefertigten Notizen schreiben**

Material

- Anlage 1 (vier Texte) pro Schüler ein Text
- Anlage 2 Klassensatz

Planungsverlauf

A 5 Min Hinführung

Anlage 1: Arbeitsblatt (in die vier Texte zerteilt)

Nach einer Hinführung zum Thema *pets* teilt der Lehrer die Klasse in vier verschiedene Gruppen auf (A, B, C, D). Alle Schüler A erhalten den Text über *Harold the hamster*, alle Schüler B den über *Cathy the cat*, usw.

B 10 Min. Einzelarbeit – reading/note taking

Alle Schüler der jeweiligen Gruppen sitzen zusammen. Zunächst soll jeder Schüler in Einzelarbeit seinen Text intensiv lesen (mindestens zweimal) und wichtige Informationen unterstreichen. Im Anschluss daran werden diese Informationen in einer Mindmap notiert.
Der Lehrer verweist darauf, dass die Schüler später ihre Texte abgeben müssen, sodass sie nur auf ihre Mindmap zurückgreifen können, was die Bedeutung verstehenden Lesens und des Notizenmachens um ein Vielfaches erhöht.

C 10 Min. Gruppenarbeit in der Stammgruppe

Um sicherzustellen, dass alle Schüler der jeweiligen Gruppen ihre Texte auch verstanden bzw. die Mindmaps korrekt erstellt haben, vergleichen sie diese noch einmal untereinander, korrigieren und ergänzen. Dann erhält jeder Schüler in jeder Gruppe eine Zahl zwischen 1 – 6 /7 usw. je nach Anzahl der Schüler. So gibt es Schüler A1, A2, ..., B1, B2 ..., C1, C2 ... und D1, D2 ... Die Schüler geben dann ihre Texte ab.

Anmerkung: Sollten aufgrund der großen Schülerzahl in der Klasse Gruppen à 8 Schüler zu bilden sein, macht es Sinn, diese jeweils in zwei kleinere Gruppen (Aa und Ab, Ba und Bb usw.) mit je vier Schülern zu unterteilen. Bei der anschließenden Nummerierung gibt es jedoch wieder nur eine Gruppe A bzw. B, C, D.

D 15 Min. Gruppenarbeit in Expertengruppen

Die Schüler bilden ihrer Zahl entsprechend neue Gruppen (alle Schüler mit 1 = eine Gruppe; alle mit der Nummer 2 = eine Gruppe usw.). In den neuen Expertengruppen stellen alle der Reihe nach ihr *pet* vor. Dies geschieht in einem solchen Tempo, dass sich die anderen Gruppenmitglieder Notizen machen oder eine neue Mindmap anfertigen können.

E 10 Min. Infosicherung in Stammgruppe

Alle Schüler treffen sich wieder in ihren Stammgruppen (A, B usw. ggf. Aa, Ab). Sie tauschen sich noch einmal aus, ob alle dieselben Informationen über die drei neuen *pets* in ihren jeweiligen Expertengruppen erhalten haben. Gegebenenfalls ergänzen und korrigieren einzelne Mitschüler ihre Notizen.

F 15 Min. Gruppenarbeit Quiz

Anlage 2: Quiz

Jeder Schüler erhält das Arbeitsblatt mit dem Quiz und füllt es zunächst allein – so gut er kann – aus. Dieser Schritt ist unbedingt notwendig, damit nicht lernstärkere Gruppenmitglieder allein die Lösungen vorgeben, während die anderen nur noch das Gehörte aufschreiben. Durch die vorgeschobene Einzelarbeit erhält jeder Schüler die Chance, in Ruhe und in seinem individuellen Tempo die Lösungen zu finden.
Erst in einem zweiten Schritt kontrolliert die Gruppe gemeinsam die Aufgaben. Ziel ist es, dass die Gruppe alle Fragen beantwortet hat. Jeder unterstützt jeden und ergänzt seine Fragen, sodass jedes Gruppenmitglied in der sich anschließenden gemeinsamen Auswertung die Ergebnisse vorlesen kann.

G Hausaufgabe

Die Schüler fertigen auf Basis ihrer Notizen einen Text über eines der drei Haustiere an, die sie in der Expertenrunde kennengelernt haben.

Pets

Harold

Hello, my name is Harold. I'm a hamster. My friend's name is Martin. At the moment Martin and I are living in a very little cage. It's terrible, because it's dirty and cold. Oh, we are dreaming of a big cage. Our dream cage must have a nice little house with two rooms, one for Martin and one for me. We can sleep there. The cage must have two bowls (= Schalen). There is water in one bowl. We can find food in the other bowl. My favourite food is carrots. Yummy, I love red carrots. Our dream cage must be clean, too. And it must be big, so we can run and play.

✂ ---

Cathy

Hi! I'm Cathy and I'm a lucky cat. I can sleep in a nice brown basket in Mr Pancake's kitchen. He is very friendly. Mr Pancake has got two white mice. Mmmh, I love white mice, but I can't eat them. Grrrh! Every morning I have cornflakes for breakfast. My favourite drink is milk with water. I have my own toilet in the kitchen. Oh, where is it? Mr Pancake is cleaning it at the moment. When the sun is shining I can go outside. Then I play in the garden and meet my best friend Carlos. Carlos is a dog. On cold days I watch cat films on TV on Mr Pancake's sofa.

✂ ---

Bridget

Hello, my name is Bridget Adams. Do you know what I am? Look at the picture. I'm a very clever budgie, because I can speak English and German. "Guten Morgen, ich möchte gern eine Hirsestange." You see? I live with an old woman. Her name is Mrs Pardon. My cage is green and very big and when the weather is nice the cage is in Mrs Pardon's garden. Then she sleeps in the sun and I sit in my cage. I'm often very lonely, but then other birds can come to me. They sit on my cage and we talk and talk.

✂ ---

Sharky

Good morning. I'm Sharky. Sharky, the goldfish. My family and I live in Peter's bath (= Badewanne). Poor Peter! He can't swim in the bath, because the water is too cold for him. But my wife, my two children and I love cold water. When Peter is in the bathroom he listens to the radio. Then we can listen to the radio, too. Now we're hungry. Where is Peter with the fish food? "We're waiting, Peter." Every Wednesday Peter's dad cleans the bath because it's dirty. Then we get new cold water.

Do you have to ...? – Interviews in the classroom

Joachim Blombach

1 Unterrichtsstunde

Kooperatives Lernen: Marktplatz

Das deutsche modale Hilfsverb „müssen“ wird von Schülern aufgrund seiner hohen Interferenz fälschlicherweise mit *must* im Englischen übersetzt, obwohl dies nur dann gebraucht wird, wenn eine Notwendigkeit oder ein Zwang vom Sprecher ausgeht. Viel geläufiger und umgangssprachlicher, aber für deutsche Schüler umso schwerer, ist die Verwendung von *have to*. Die Anbahnung und Internalisierung einer solchen grammatischen Form bedarf Situationen, in denen jeder Schüler die Form in einem anwendungsbezogenen und lebensnahen Kontext verwendet. Die folgende Übungsform – *Find someone who ...* – erfüllt diesen Zweck.

Ziele

- **Die Fragebildung von *have to* in einer Interviewsituation anwenden und üben**
- **Antworten auf die Frage mit *Yes, I do/No, I don't* geben.**
- **Unter Anwendung der Struktur über Mitschüler berichten**
- **In Partnerarbeit und im Plenum über die Ergebnisse in der Fremdsprache berichten**

Material

- Anlage 1 und 2 jeweils Klassensatz

Planungsverlauf

A 10 Min. Hinführung

Der Lehrer greift noch einmal (ggf. nach einer Hausaufgabenüberprüfung zu dieser Thematik) die Struktur *have to …* auf. Er stellt einigen Schülern der Klasse Fragen, die diese mit *Yes, I do/ No, I don't* beantworten. Die Fragestruktur *Do you have to …* (*get up at 5 o'clock every morning?*) und auch die korrekte Antwort werden als visuelle Unterstützung und sprachliche Hilfe an die Tafel geschrieben. Nach einigen Durchgängen, bei denen einige Schüler auch schon in die Rolle des Fragenden kommen, leitet der Lehrer zur Aufgabenstellung über.

B 15 Min. Interview Activity – Marktplatz

Anlage 1: Arbeitsblatt (positive and negative answers)

Die Schüler erhalten jeder ein Arbeitsblatt. Sie lesen sich zunächst die einzelnen Statements durch. Danach erhalten sie den Auftrag, in den nächsten 15 Minuten in der Klasse Mitschüler zu interviewen. Das heißt konkret: Sie dürfen jedem Mitschüler maximal drei Fragen stellen. Beantwortet derjenige die Frage mit *Yes, I do*, wird sein Name hinter das Statement mit einem (√) notiert. Bei *No, I don't* schreibt er den Namen mit einem (–) auf. Dann erfolgt die Befragung umgekehrt. Haben beide Partner sich befragt bzw. haben beide ihre Antworten gegeben, sucht sich jeder einen neuen Partner. Wichtig: Die Interviews, auch ggf. die informelle Kommunikation findet auf Englisch statt. Dazu dienen auch die Hinweise auf dem Arbeitsblatt, auf die der Lehrer zuvor verwiesen hat.

Anlage 2: Arbeitsblatt (positive answers only)

Für lernschwächere Schüler kann die Übung dahingehend vereinfacht werden, indem nur die Namen von Schülern notiert werden, die eine positive Antwort gegeben haben (*Yes, I do*). Dazu wird Anlage 2 verwendet.

Diese Aktivität wird so lange durchgeführt, bis der Lehrer sie beendet.

C 5 Min. Kurzpräsentation im Plenum

Um sicherzustellen, dass alle Schüler die Auswertung auch sprachlich korrekt umsetzen können, lässt der Lehrer zunächst einige Schüler von ihren Ergebnissen berichten. Dabei verweist er auf die Verwendung des *3rd person singular –s (Hauke has to help his parents in the garden)* im *positive statement* bzw. auf die Verwendung von *doesn't have to (Anna doesn't have to get up at 6 o'clock on weekdays)* bei der Verneinung.
Bei lernschwächeren Schülern fällt die Verneinung weg, was die Auswertung deutlich vereinfacht.

Einige Schüler tragen ihre Ergebnisse in der Klasse vor.

D 10 Min. Partnerarbeit – Auswertung

Die Schüler setzen sich in Partnergruppen zusammen und berichten über ihre Ergebnisse. Achtung: Hier muss der Lehrer erneut vorab deutlich machen, dass sich die grammatische Struktur hinsichtlich der 3. Person Singular verändert. *XXX has to ... (do help his parents in the garden), but YYY doesn't have to help his parents.*

Im Sinne einer Leistungsdifferenzierung wäre es auch möglich, dass zunächst nur der Auftrag erfolgt, die Positivrückmeldungen von allen zu geben. Die Verneinung könnte dann nur von den Leistungsstärkeren gemacht werden.

E 5 Min. Hausaufgabe

Die Schüler verschriftlichen ihre Interviewergebnisse mit den entsprechenden Formen.

Jahrgangsstufe 6

Dans la salle de classe

Vera Löhr

2 Unterrichtsstunden

Methodenkompetenz: Mindmapping, Lernertypen, effektiv Üben

Kooperatives Lernen: Think-Pair-Share

Eine Aufgabe des Französischunterrichtes in dieser Jahrgangsstufe ist die Erarbeitung eines gemeinsamen „Grundvokabulars" zu Klassenraum, (Arbeits)-Anweisungen, Fragen usw., um sukzessiv einsprachig(er) unterrichten zu können. An dieser Stelle sollen die Kenntnisse der Schüler gesammelt, strukturiert und zusammenfassend visualisiert werden. Der Unterrichtsvorschlag sollte flexibel zu einem Zeitpunkt umgesetzt werden, zu dem die Lerngruppe ausreichend aktive (und passive!) Vokabelkenntnisse zu einem Thema erlangt hat. Unterschiedliche Lernertypen werden ggf. durch die verschiedenen Bereiche angesprochen.
Vermutlich ist den Schülern die Technik des Mindmapping bereits bekannt. Auch dieser Unterrichtsvorschlag sieht als „Endprodukt" eine Mindmap (*Dans la salle de classe*) vor. Die einzelnen (Haupt-)Äste werden von der Lerngruppe arbeitsteilig erarbeitet und erst im Rahmen der abschließenden Präsentation „puzzleartig" zusammengesetzt.

Ziele

- **(aktive u. passive!) Kenntnisse aus dem Unterricht sammeln, strukturieren und visualisieren**
- **Arbeitsergebnisse vergleichen, zusammenfügen und präsentieren**

Material

- Anlage 1 als Folie
- Plakate entsprechend der Anzahl der Gruppen
- dicke Schnüre (oder Springseile)

Planungsverlauf

A 10 Min. Besprechen der Aufgabe

Anlage 1: Folie

Den Schülern werden mithilfe der Folie die möglichen Arbeitsbereiche vorgestellt und erklärt:
- *le prof dit*
- *l'élève dit*
- *il y a*
- *il y a (sur la table de travail)*

Jeder Schüler entscheidet sich für ein Thema, bei der Wahl könnte der Lernertyp entscheidend sein: visuell = Dinge am besten über Sehen lernen (Experte zu *il y a, il y a sur la table de travail*), *auditiv* = Dinge besser über Hören lernen (Experte zu *le prof dit, l'élève dit*).

Wichtig: Sollten die den Schülern „passiv" bekannten (= nur gehörten) Anweisungen, Fragen usw. in ihrer Schreibweise nicht geläufig sein, können sie den Lehrer jederzeit zu sich bitten.
Die Bereiche sollten (einigermaßen) gleichmäßig unter den Schülern aufgeteilt werden, die zusätzliche Verbindung von leistungsstärkeren mit -schwächeren Schülern wäre optimal.

B 15 Min. Erarbeitung 1: Ideensammlung

Die Schüler arbeiten im 2er-Team an ihrem Thema. Sie tragen dabei alles zusammen, was sie bereits
- aus dem Unterricht,
- aus den Hausaufgaben,
- ggf. aus dem Lehrwerk

(aktiv + passiv) kennen.

Wichtig: Jeder Schüler macht sich Notizen.

C 30 Min. Erarbeitung 2: Sicherung und Mindmap

Alle 2er-Teams, die das gleiche Thema bearbeitet haben, treffen zusammen. Sie stellen sich gegenseitig ihre Ideen vor und einigen sich auf den endgültigen

Inhalt. Dieser wird (nach Korrektur durch die Lehrkraft!) von einem Schüler als **ein** Hauptast der späteren Mindmap auf das Plakat gezeichnet.
Besonders schön und hilfreich – durch die zusätzliche Visualisierung – ist es, wenn die Gruppen ihren Hauptast bzw. die Nebenäste mit passenden Symbolen versehen. Außerdem bereiten alle Schüler am Ende dieser Phase das Gerüst der späteren Mindmap in verkleinerter Version (z. B. Doppelseite im Französischheft) vor und tragen ihr Gruppenergebnis hier bereits ein.

D 30 Min. Präsentation

Jede (Experten-)Gruppe präsentiert ihren Hauptast im Plenum. Gruppensprecher sollte in diesem Fall am besten ein leistungsstärkerer Schüler sein, dem die korrekte Aussprache der notierten Redewendungen/des Vokabulars leichter fällt. Ggf. kann die Lehrkraft helfen, die betreffende Wendung/Vokabel vorsprechen und die Schüler sprechen nach. Alle anderen notieren während/direkt nach der Präsentation die vorgestellten Ergebnisse in ihre eigene, zuvor vorbereitete Mindmap.
Die Puzzle-Mindmap kann später als eine Art „Lernplakat" zum weiteren Üben aufgehängt werden, wobei die Schnüre bzw. die Springseile dem (flexiblen) Legen der Hauptäste dienen.

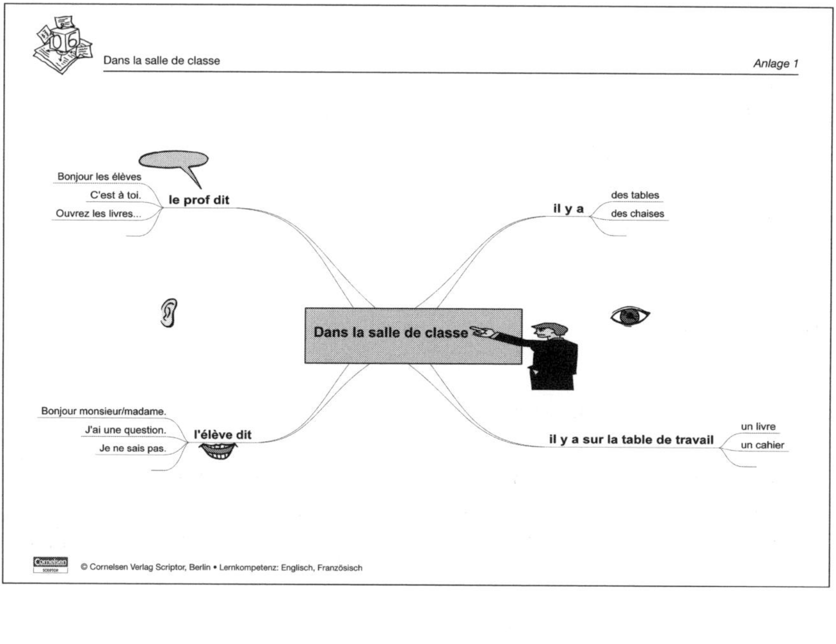

Les verbes être et avoir

Vera Löhr

1 Unterrichtsstunde

Kooperatives Lernen: Marktplatz

Das „Beherrschen“ der beiden zentralen und zumeist auch noch ersten Verben in der neuen Sprache *être* und *avoir* bereitet vielen Schülern anfangs Schwierigkeiten. Durch die unregelmäßigen und zum Teil ähnlich klingenden Formen zeigen sie sich oft selbst im einfachen Gebrauch unsicher.
In der vorgestellten Stunde werden beide Verben, in einen situativen Kontext eingebettet, noch einmal vertieft angewendet.

Ziele

- **Singular- oder/und Plural-Formen der Verben *être* und *avoir* festigen**
- **Schüler zum „freien“ Sprechen aktivieren**

Material

- Anlage 1 Kärtchen (32 Stück), vorab laminieren
- Anlage 2 Folie
- 2 DIN-A4-Bögen (1x blau, 1x rot)

Planungsverlauf

A 5 Min. Einstieg

Als kurzes Spiel zum „Wiedereinhören“ in die neue Sprache und zur Reaktivierung der Kenntnisse bietet sich z. B. an: *Qui est-ce?*
Der Lehrer beschreibt Personen im Klassenraum, die Schüler nennen die Lösung: *C'est ...* .

B 10 Min. Vorbereitung und Erarbeitung

Anlage 1: Kärtchen (je ein Kärtchen pro Schüler notwendig)
Anlage 2

Die vorbereiteten „Identitätskarten" werden verteilt und die Aussprache der französischen Namen bzw. Städte geklärt. Ein Hinweis oder eine Frage zu den Farben der Karten bezieht den landeskundlichen Aspekt mit ein (s. Hinweis am Ende des Planungsverlaufs).
Gemeinsam mit der Lehrkraft überlegen die Schüler, wozu die Karten „genutzt" werden könnten; anschließend wird dann mithilfe des Modell-Dialogs A (*Anlage 2*) der Stundenverlauf genau erklärt.

C 10 Min. Marktplatz – Anwendung und Sicherung

Alle Schüler bewegen sich (mit ihrer „Identitätskarte") frei im Raum. Zu einer vorgegebenen Zeit treffen sie auf einen Mitschüler und führen mit ihm den eingangs gezeigten Dialog. Sie müssen versuchen, sich die Informationen über den Mitschüler so gut es geht zu merken. Auf ein Signal der Lehrkraft sucht jeder Schüler einen neuen Partner. Die Anzahl der Wechsel ist beliebig (sinnvoll erscheinen 3–4, um die Informationen nicht zu unübersichtlich werden zu lassen). Jeder Schüler sollte sowohl die Rolle des *élève A* als auch *B* (s. *Anlage 2*) übernommen haben. Kleine Variationen des Dialogs sind möglich.
Vorteil: Die Schüler konzentrieren sich auf die Informationen. Die Verbformen zu je/tu in den Fragen und Antworten stellen „Beiwerk" dar, um diese zu bekommen. Sie automatisieren sich durch den wiederholten Gebrauch. Gleichzeitig werden die zentralen Fragen/Aussagen zu Name, Alter und Wohnort geübt.

D 10 Min. Weiterführung: *Qui est-ce?*

Alle Schüler gehen zurück an ihren Platz. Auf Hinweis der Lehrkraft steht ein Schüler auf: *Qui est-ce?* (Der Leher fragt beim ersten Mal, dann kann immer ein Schüler, z.B. der, der stand auf den nächsten zeigen und *Qui est-ce?* fragen.)
Die Wahrscheinlichkeit ist hoch, dass einige sich die entsprechenden Informationen gemerkt haben. Sie sind aufgefordert, nun in der 3. Person Sg. zu beschreiben: *C'est X. Il/Elle a y ans. Il/elle est de …*
Dazu sollte die Anlage 2 noch einmal visualisiert werden.

E 5 Min. Besprechen der Hausaufgabe: Sicherung

Da vermutlich nicht alle Schüler in der vorangegangenen Phase mündlich aktiv werden konnten (wollten), bietet sich eine schriftliche Sicherung an: die Beschreibung mehrerer Personen in Form eines Mini-Porträts als Hausaufgabe z. B. von Freunden, Bekannten oder aber fiktiven französischen Personen. Alternativ können auch die Plural-Formen der Verben geübt werden. Entsprechend muss in der Vorbereitung der Modell-Dialog B (Anlage 2) besprochen werden.
Jeder Herkunftsort erscheint auf den „Identitätskarten“ zweimal. So finden sich für den „Marktplatz“ zunächst alle Schüler als Stadt-Team zusammen. Danach ist der Ablauf wie oben beschrieben, nur dass nun immer Zweierteams aufeinandertreffen.
In der Weiterführung steht dann bei *Qui est-ce?* ein Stadt-Team auf und die Beschreibung muss *Ce sont X et Y. Ils/Elles ont x et y ans. Ils/Elles sont de …* (s. *Anlage 2*) lauten.

Hinweis: Besonders schön ist es, von den „Identitätskarten“ einen Bogen (=10 Personen) weiß zu lassen, die anderen beiden nach Ausdruck je einmal auf einen blauen bzw. einen roten DIN-A4-Bogen zu kopieren. So ergeben sich die Farben der französischen Flagge.
Vor dem Zerschneiden in die einzelnen Teile die Bögen laminieren – so sind die Karten dauerhaft einsetzbar. Es gibt je 16 weibliche und männliche „Identitätskarten“.

Party food

Joachim Blombach

1 Unterrichtsstunde

Kooperatives Lernen: Think-Pair-Share

Nach Einführung des Wortschatzes zu *food and drinks at a party* geht es um eine vertiefende Anwendung dieser neuen Wörter. Dabei sollen schülerorientierte und Kompetenz erweiternde Aspekte berücksichtigt werden.

Ziele

- **Den Wortschatz *party food and drink* anwenden**
- **Einfache Begründungen geben**
- **In kooperativen Lernformen arbeiten (Think-Pair-Share)**
- **Vor dem Plenum Ergebnisse in der Fremdsprache präsentieren**
- **Partner- und Gruppenarbeit in der Fremdsprache üben**
- **Unbekannten Wortschatz mithilfe der Lautschrift korrekt aussprechen und nutzen**

Material

- Lehrwerk English G 2000, B2, U 3, S. 40/41
  oder
- Lehrwerk English G 21, B1, U 4, S. 68/69

Alternativ können auch Bilder mit typischem Party Food oder eine entsprechende Folie genutzt werden.

Planungsverlauf

A **5 Min.** **Einzelarbeit**

Anlage 1: *Folie*

Die Schüler öffnen ihr Lehrwerk bzw. eine entsprechende Folie mit *party food* wird aufgelegt.

Look at the pictures and the list about party food at pages 40 and 41 in your book. What are your favourite party food and drinks? Choose your top five and write them on a sheet of paper.

In Einzelarbeit wählt jeder Schüler fünf Items aus und schreibt sie auf.

B 5 Min. Partnerarbeit

In Partnerarbeit stellen sich die Schüler gegenseitig ihre Auswahl vor.

Sit together with your partner and tell him your favourite things. Tell him why they are your top five.

Für die Kommunikation nutzen die Schüler die dafür bereitgestellten *phrases*. Der Lehrer ergänzt ggf. Wörter, nach denen zusätzlich gefragt wird.

My number 1 is …

because, it is /they are nice
lovely
delicious (phonetische Umschrift)
spicy
just great
healthy
it's my favorite drink/snack/fruit …

C 10 Min. Partnerarbeit

Die Schüler handeln in Partnergruppen eine neue gemeinsame Liste aus. Dazu nutzen sie den angebotenen Argumentationswortschatz.

Imagine you are going to have a party together. Together you can only buy six things from your lists. Discuss with your partner, which things you want to buy together. Write the six things on your lists. Give reasons for your choice.

Let's take … /What about …?
I think … is /are so nice/delicious/spicy/just great/…
young people just like it/them
is/are a MUST for every party.

D 10 Min. Gruppenarbeit

Je zwei Partnergruppen schließen sich zu einer Vierergruppe zusammen. Im Vorfeld teilen sich die Schüler innerhalb der Gruppe eine Zahl zwischen 1 und 4 zu. Damit wird schon in diesem Stadium signalisiert, dass die Präsentation des Gruppenergebnisses nach dem Zufallsprinzip erfolgen wird (*Numbered-Heads-Together*). Dadurch wird gewährleistet, dass jedes Gruppenmitglied bis zur Beendigung der Arbeit intensiv aktiv am Gruppenprozess beteiligt ist, da jeder aus der Gruppe in der Präsentation die Gruppe präsentieren können muss.

Tell each other your favourite party food and drink list. Don't forget to give reasons for your choice. Then together choose your top six list for a party. Before you start each group member gets a number from 1 to 4. Later one of you has to present your group result to the class. So everyone should write the list and note down the reasons as well. Practise your presentation in the group. For your discussion and for the practising the presentation you've got 10 minutes time.

Zudem bestimmt jede Gruppe einen *timekeeper* und einen *watchdog*.

E 15 Min. Präsentation

Die Gruppen tragen ihre Ergebnisse vor. Dabei werden die Vortragenden jeder Gruppe durch das Zufallsprinzip des *Numbered-Heads-Together* ermittelt. Der Lehrer oder ein Mitschüler bestimmt durch Nennung einer Zahl zwischen 1 und 4 den Präsentator der jeweiligen Gruppe. Um die Aufmerksamkeit aller auf die einzelnen Präsentationen sicherzustellen, wird folgender Arbeitsauftrag vor Beginn der Präsentationen gegeben.

Listen to the groups. Whenever you hear a food or drink word that you have got, too, make a tick against the word on your list. At the end of all the presentations we will see which is the top party food and drink of the class.

Nach Vorstellung aller Gruppenergebnisse werden die Top Drinks und Snacks der gesamten Klasse im Plenum ermittelt.

Formulieren einer grammatischen Regel zum *simple past*

Peer Brändel

2 Unterrichtsstunden (incl. Übungszeit)

Methodenkompetenz: Informationsgewinnung

Kooperatives Lernen: Appointment

Im folgenden Unterrichtsarrangement erarbeiten die Schüler Regeln zur Bildung des *simple past*. Da sie Analogien zum *simple present* ziehen müssen, ist dessen sichere Verwendung Voraussetzung. Die vorherige Wiederholung des *simple present* (insbesondere Fragen und Verneinungen) ist daher sinnvoll.
Das Arrangement geht davon aus, dass Schüler das *simple past* bisher lediglich imitativ angewandt haben. Daher sind keine kognitiven Kenntnisse über dessen Bildung notwendig.
Um die Schüler kognitiv nicht zu überfordern, bietet es sich an, die Erarbeitung auf zwei Blöcke zu verteilen und durch Übungsphasen zu unterbrechen. Vor Beginn des Lernarrangements suchen sich alle Schüler per *appointment* zwei Mitschüler (*8, 10 o' clock*), mit denen sie im Laufe der verschiedenen Erarbeitungsphasen zusammenkommen. In lernschwächeren Klassen kann nach der Bearbeitung eines Erarbeitungsschrittes (= 1 Arbeitsblatt) ein Einschnitt erfolgen, bei dem die Ergebnisse im Klassenverband besprochen und gesichert werden.

Ziele

- **Regel zur Bildung des *simple past* selbstständig erarbeiten**
- **Das Lehrwerk als Nachschlagewerk benutzen**
- **Analogien bei der Bildung von *simple present/simple past* erkennen**
- **In kooperativen Lernformen Ergebnisse besprechen und grammatische Regeln erarbeiten**

Material

- Anlagen 1–4 jeweils Klassensatz
- Folie
- Schülerbuch
- Workbook, ggf. e-workbook, PC mit Internetzugang für online-Übungen

Planungsverlauf

A 5 Min. Einstieg

Der Lehrer teilt den Schülern mit, dass sie sich einen Grammatikinhalt selbst erarbeiten werden. Dazu sollen Regeln formuliert werden. Die besten Formulierungen werden von allen Schülern ins Regelheft übernommen und gelernt. Die Schüler suchen sich via *Appointment* zwei verschiedene Mitschüler, mit denen sie im Laufe der Erarbeitungsphasen zusammenarbeiten möchten.

B 10 Min. Erarbeitungsphase 1

Anlage 1: Arbeitsblatt (Regular forms in positive sentences); zur Differenzierung ggf. textbook, workbook, e-workbook

Die Schüler erhalten das Arbeitsblatt, sie lesen in Einzelarbeit den Text und markieren Verben, die auf *-ed* enden, gelb.
Die Aufgaben a-c werden in Einzelarbeit bearbeitet. Anschließend vergleichen je zwei Schüler mit ihrem 8 Uhr-Partner ihre Ergebnisse und formulieren eine Regel (Aufgabe d). Schüler, die schneller fertig sind, bearbeiten vorgegebene Aufgaben aus dem Lehrwerk usw. (*regular forms in positive sentences*).

C 10 Min. Erarbeitungsphase 2

Anlage 2: Arbeitsblatt (Regular forms in negative sentences); zur Differenzierung ggf. textbook, workbook, e-workbook

Die Schüler erhalten das Arbeitsblatt, lesen in Einzelarbeit den Text und markieren Verben, denen ein *didn't* vorausgeht, grün.
Die Aufgaben a und b werden in Einzelarbeit bearbeitet. Anschließend werden die Ergebnisse mit dem 8 Uhr-Partner verglichen. Zusammen wird eine Regel zur Bildung negativer Sätze im *simple past* formuliert.

Schnelle Schüler bearbeiten wieder vorgegebene Aufgaben aus dem Lehrwerk usw. (*regular forms in negative sentences*).
Somit können die Schüler selbstständig überprüfen, ob sie die Bildung von positiven und negativen Aussagesätzen verstanden haben.
Steht ein PC-Raum zur Verfügung, so können die Schüler z. B. auf e-workbooks, Lernsoftware oder Selbstlernprogramme (z. B. www.kico4u.de/www.ego4u.de) im Internet zurückgreifen. Der Lehrer sollte jedoch entsprechende Übungen angeben.

An dieser Stelle bietet sich ein Einschnitt ein. Die Schüler können mithilfe ihres Lehrbuches herausfinden, ob ihre Regelformulierung zutrifft. Als sehr motivierend hat sich erwiesen, wenn sie ihre Regelformulierungen vorstellen und die beste an die Tafel für alle verbindlich übertragen wird.
Im Anschluss sollten die Schüler Gelegenheit haben, die neu erarbeiteten Inhalte zu üben und zu festigen, bevor sie die Erarbeitung der Fragestellung in Angriff nehmen.

D 10 Min. Erarbeitungsphase 3

Anlage 3: Arbeitsblatt (Questions in simple past); Folie 1

Die Schüler erhalten das dritte Arbeitsblatt. In Einzelarbeit lesen sie die Sätze im *simple present* und bilden analog dazu Sätze im *simple past* (Aufgabe 3 a).
Im Anschluss stellen sie *simple present* und *simple past*-Formen in einer Tabelle einander gegenüber (Aufgabe b).
Ihr Ergebnis wird mit dem zweiten (= 10 Uhr-Partner) ausgetauscht.
Um alle Schüler für den folgenden (entscheidenden) Transferschritt auf einen Stand zu bringen, werden die Ergebnisse im Plenum besprochen und auf Folie festgehalten.

E 10 Min. Erarbeitungsphase 4

Anlage 4: Arbeitsblatt (Regular forms in negative sentences); zur Differenzierung ggf. textbook, workbook, e-workbook

Die Schüler erhalten Arbeitsblatt 4. Sie formen die Fragen im *simple present* ins *simple past* um und vergleichen ihr Ergebnis mit ihrem 10 Uhr-Partner.
Gemeinsam oder alternativ überprüfen sie ihre Ausführungen mit dem Grammatikteil im Lehrwerk. Für schnellere Schüler werden geeignete Aufgaben zur Festigung bereitgehalten.

Formulieren einer grammatischen Regel zum *simple past* *Anlage 3*

Vergleich simple present – simple past

1. Die folgenden Sätze stehen in der Gegenwart (*simple present*).

Forme sie nun so um, dass sie in der Vergangenheit stehen.

I clean my bike in front of the garage.

Simple past: ______________________________

I don't eat ice cream with ketchup!

Simple past: ______________________________

My cousin doesn't go to school by bus on Wednesday. His father takes him.

Simple past: ______________________________

He eats fish because he loves it.

Simple past: ______________________________

2. Trage die entsprechenden Vergangenheitsformen (*simple past*) ein.

Simple present	**Simple past**
I clean …	
I don't eat …	
He doesn't go …	
He eats …	

Aus *don't* und *doesn't* im *simple present* wird ____________________ im *simple past.*

Selbstständiges Wiederholen grammatischer Regeln – *the simple past*

Joachim Blombach

1 Unterrichtsstunde

Methodenkompetenz: Informationsgewinnung, Mindmapping

Kooperatives Lernen: Think-Pair-Share

In Hinblick auf die Vorbereitung der nächsten Klassenarbeit mit u.a. dem Schwerpunkt *Über Vergangenes sprechen – the simple past* und ggf. nach Durchführung eines *Check yourself* (vgl. S. 31), sollen noch einmal die wichtigsten Aspekte des grammatischen Schwerpunktthemas der Unit – das *simple past* – systematisch wiederholt und in einer Mindmap zusammengefasst werden.

Ziele

- **Die wichtigsten Regeln zum *simple past* in einer Mindmap visualisieren**
- **Mindmap-Regeln anwenden**
- **In kooperativen Lernformen arbeiten (Think-Pair-Share)**
- **Das Englischbuch und ggf. das Grammatikheft als Nachschlagewerke nutzen**
- **Visualisierung von Grammatik als Hilfe bei der Wiederholung grammatischer Phänomene erkennen**

Material

- Anlage 1 – Mindmap: Regeln zum *simple past*
- Englischlehrwerk, evtl. Grammatikheft
- Posterpapier und Eddings oder Folien und Folienstifte

Planungsverlauf

A 5 Min. Einführung

Der Lehrer verweist auf die anstehende Klassenarbeit, die u.a. das Thema *simple past* beinhalten wird. „Wir werden heute noch einmal dieses Thema intensiv wiederholen und zwar in der Form, dass jeder zunächst selbstständig alle Informationen dazu in einer Mindmap zusammenfasst."
Ggf. wird an dieser Stelle noch in einem Unterrichtsgespräch gemeinsam überlegt, wo man hierzu etwas findet.

B 15 Min. Einzelarbeit (Think)

Englischlehrwerk – grammar file, evtl. Grammatikheft

Jeder Schüler erarbeitet eine Mindmap, nachdem er die wichtigsten Regeln im Buch oder Grammatikheft gefunden hat. Bei lernschwächeren Schülern können hier auch schon zwei Schüler zusammenarbeiten und sich gegenseitig unterstützen.

C 10 Min. Partnerarbeit (Pair)

Je zwei Schüler sitzen nun zusammen und tauschen sich aus. Sie erläutern sich gegenseitig ihre Mindmaps und erklären, wie sie zu bestimmten Ideen gekommen sind. Die eigenen Mindmaps werden ggf. ergänzt oder optimiert. Bei Schwierigkeiten unterstützen sie sich gegenseitig.

D 8 Min. Gruppenarbeit (Share)

Posterpapier oder Folie

Je zwei Schülerpaare sitzen als Vierergruppe zusammen. Der Arbeitsauftrag lautet, eine gemeinsame Mindmap aus den vier einzelnen Mindmaps zu entwickeln und auf einem Poster oder auf Folie aufzuzeichnen. Jeder soll bei der späteren Präsentation in der Lage sein, die gemeinsam entwickelte Mindmap zu erläutern.

E 7 Min. Präsentation

Anlage 1: Regeln zum simple past (Folie)

Die Gruppenergebnisse auf den Postern werden in der Klasse aufgehängt und einige werden exemplarisch erläutert. Zum Vergleich zeigt der Lehrer auch Anlage 1 als Folie. Ggf. werden fehlende Aspekte in den Arbeiten der Schüler ergänzt.

Als Hausaufgabe werden noch einmal Übungen aufgegeben, in denen das *simple past* angewandt wird.

Anmerkung: Als Alternative kann die Erstellung der Mindmap im ersten Schritt auch als Vorbereitung für die dargestellte Stunde aufgegeben werden, was eine hohe Zeitersparnis gerade in lernlangsameren Klassen bedeutet.

Selbstständiges Wiederholen grammatikalischer Regeln *Anlage 1*

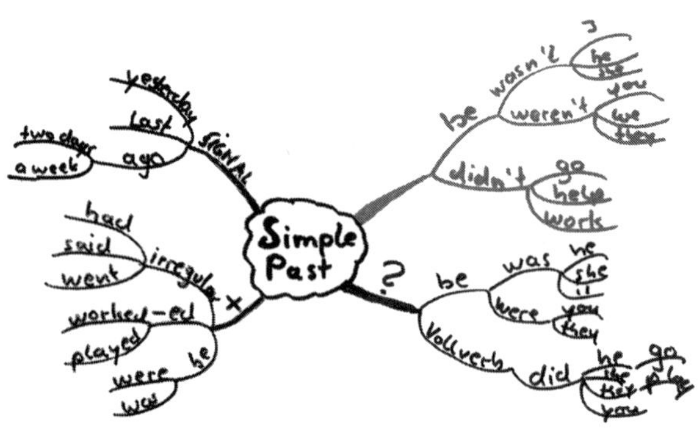

Comparison of adjectives – superlatives

Joachim Blombach

2 Unterrichtsstunden

Methodenkompetenz: Note making

Kooperatives Lernen: strukturierte Gruppenarbeit, Ausstellung

Im vorangegangenen Unterricht wurde *comparison of adjectives* behandelt, sowohl die germanischen, romanischen Steigerungsformen als auch die unregelmäßig gesteigerten Adjektive. Dieses neue grammatische Phänomen soll nun in einem komplexen Zusammenhang angewendet werden.

Ziele

- **Den Superlativ in konkreten Handlungssituationen anwenden**
- ***Note making* anwenden**
- **Gruppenergebnisse anhand von Stichwörtern präsentieren (monologisches Sprechen)**
- **Rollen in einer umfangreichen Gruppenarbeit übernehmen**

Material

- Anlage 1 je ein Arbeitsblatt pro Gruppe
- Plakate in gleicher Anzahl wie vorhandene Gruppen
- Eddings

Planungsverlauf

A 5 Min. Einstieg

Nach kurzer Wiederholung des *superlatives* bei Adjektiven (*Who is the fastest runner in our class; What's the worst day of the week?*) wird die Klasse in sechs Zufallsgruppen mit jeweils fünf Schülern aufgeteilt. Wenn sich die Klasse nicht exakt in Gruppen à 5 Schüler aufteilen lässt, können zwei Gruppen zu sechst arbeiten. Bei der späteren Neuorganisation der Gruppen gibt es dann zweimal die Nummer 1 und die beiden Schüler teilen sich die Präsentation.

B 10 Min. Gruppenarbeit – organisatorische Fragen

Anlage 1: Arbeitsblatt (Superlatives in our Group)

Wenn die Klasse nicht sicher in der selbstständigen Erarbeitung von Arbeitsaufträgen ist, kann der Lehrer noch einmal die Aufgabenstellung erläutern. Bei Klassen, die schon erfahren in Gruppenarbeit sind, erarbeiten sich die Gruppen die Aufgabenstellung selbst anhand des Arbeitsblattes.
Bei sehr selbstständig arbeitenden Klassen bestimmen die Gruppen jeweils einen *Material Manager*. Diese erhalten vom Lehrer die entsprechenden Materialien und Instruktionen zur Weiterleitung an ihre Gruppen.
Zudem werden in jeder Gruppe noch weitere unterschiedliche Rollen verteilt: *Timekeeper, Watchdog, Writer, Recorder, Noise-Manager, Supporter*, usw.

C 20 Min. Gruppenarbeit – Arbeit am Inhalt

Material: Poster, Eddings

In den jeweiligen Gruppen werden die Aufgaben 2 und 3 des Arbeitsblattes bearbeitet. Der *Writer* notiert stichwortartig die Ergebnisse, zu denen die Gruppe gelangt. Während der *Timekeeper* darauf achtet, dass die Gruppe die Aufgaben in der vorgegebenen Zeit löst, achtet der *Supporter* darauf, dass sich möglichst alle Gruppenmitglieder an der Diskussion und am Zustandekommen des Ergebnisses beteiligen und niemand den Arbeitsprozess stört. Eine besondere Rolle hat der *Watchdog*, der darauf achtet, dass in der Gruppe Englisch gesprochen wird und ggf. bei Verstößen gegen diese Regeln die Gruppenmitglieder (immer wieder) darauf hinweist.

D 10 Min. Gruppenarbeit – Übung der Präsentation

Nachdem die Gruppen ihre Aufgaben gelöst haben, wird die Versprachlichung der Notizen für die spätere Ausstellung in der Gruppe (also in einem noch geschützten Raum) geübt. Wichtig dabei ist, dass sich jedes Gruppenmitglied an dieser Übungsphase beteiligt, um für die spätere Präsentation Sicherheit

zu bekommen. Insofern ist ein Hinweis des Lehrers vorab (sollte die Klasse diese kooperative Lernform noch nicht kennen), dass in einem weiteren Schritt jeder in der Klasse präsentieren muss, sinnvoll. Dies kann z.B. bedeuten, dass man in der Gruppe mehrere Durchgänge übt, wobei nicht jedes Gruppenmitglied alle Teile in dieser Übungsphase präsentieren sollte, da sonst recht schnell Unruhe und Langeweile auftreten. Wichtig ist dabei, dass die Schüler die sprachlichen Hilfen auf dem Arbeitsblatt nutzen.
Die fertigen Poster werden auf verschiedene Tische gelegt.

E 5 Min. Neuorganisation der Gruppen

In jeder Gruppe geben sich die Schüler eine Zahl zwischen 1 und 5. Daraufhin treffen sich – auf Hinweis des Lehrers – alle Schüler mit der 1 an einem Poster, alle Schüler mit der 2 an einem zweiten Poster, alle Schüler mit der 3 an einem dritten Poster usw.

F 15 Min. Präsentation in Form einer Ausstellung

Auf jedem Tisch liegt ein anderes Gruppenergebnis aus. Derjenige in der Gruppe, der an der Erarbeitung des Plakates mitgewirkt hat, präsentiert das Ergebnis seiner Gruppe. Die anderen Mitglieder der neuen Gruppen hören zu, notieren sich die wichtigsten Ergebnisse während des Vortrags und stellen ggf. Fragen. Nach der Präsentation wecseln die Schüler im Uhrzeigersinn zum nächsten Tisch. Das neue vorliegende Plakat wird nun von demjenigen erläutert, der daran mitgearbeitet hat, usw.
Die Tour durch die Ausstellung ist dann beendet, wenn alle Gruppen alle Poster gesehen haben. Das heißt, am Ende hat jeder Schüler einmal präsentiert und hat die Ergebnisse der anderen erklärt bekommen.

G 10 Min. Auswertung in der Gruppe

Die Schüler gehen nun noch einmal in ihre Ausgangsgruppe zurück, treffen sich also an „ihrem“ Poster. Nun gilt es auf Basis der Notizen, die während der Ausstellung von jedem gemacht worden sind, gemeinsam die Superlative für die gesamte Klasse herauszufinden, also *who is the tallest, the youngest, shortest pupil, the most interesting subject* usw.

H 10 Min. Ergebnissicherung im Plenum

Das Klassenergebnis wird an der Tafel gesammelt und von allen Schülern notiert. Als mögliche Hausaufgabe werden die Ergebnisse verschriftlicht.

Jahrgangsstufe 7

Le futur composé – Selbstständiges Erschließen einer neuen Zeitform

Vera Löhr

2 Unterrichtsstunden

Kooperatives Lernen: Placemat activity; one stay, three stray

Im vorangegangenen Unterricht sind die zusammengesetzten Verben *vouloir faire qc/pouvoir faire qc* eingehend besprochen, geübt und angewendet worden. In dieser Stunde sollen die Schüler ihre Kenntnisse auf ein bis dato unbekanntes Phänomen transferieren.

Ziele

- **Kenntnisse auf die zusammengesetzte Verbform *aller faire qc* übertragen**
- **Das *futur (composé)* und seine Bildung erkennen und (erstmalig) selbstständig (schriftlich) anwenden**
- **Gruppenergebnisse präsentieren**

Material

- Anlage 1 Klassensatz
- pro Gruppe ein rotes DIN-A4-Blatt

Planungsverlauf

A 5 Min. Vorbereitung

Anlage 1: Arbeitsblatt

Der Klassenraum ist bereits im Vorfeld in fünf (oder mehr) Arbeitsbereiche (Gruppentische 1–5 oder 6, je nach Klassengröße) eingeteilt worden, die Schüler erhalten beim Eintreten per Zufall eine Zahl (1–5 bzw. 6) und setzen sich an den entsprechenden Tisch. Auf jedem Tisch liegen als *Placemat* (noch verdeckt) bereits ein rotes (Arbeits-)Blatt in der Mitte sowie entsprechend der Gruppengröße z. B. fünf Arbeitsblätter rundherum.

B 5 Min. Klärung der Arbeitsaufträge

Die Lerngruppe ist vermutlich noch nicht geübt genug, um komplexe Aufgabenstellungen in der Fremdsprache ohne Hilfe zu verstehen. Daher ist eine genaue Besprechung der Arbeitsaufträge unabdingbar.

C 15 Min. Placemat activity: Erarbeitung 1

Die Schüler drehen das in der Mitte des Tisches liegende rote Arbeitsblatt um. In einem ersten Schritt notiert jeder (ohne mit den anderen Gruppenmitgliedern zu sprechen!) auf einem der umliegenden Arbeitsblätter seine Ideen (Arbeitsauftrag 1 a + b). Nach ungefähr fünf Minuten werden alle Blätter um das rote herum gelegt und in der Gruppe besprochen. Jeder trägt seine Ideen und auch Probleme vor, die Gruppe diskutiert alle Vorschläge und legt sich auf eine gemeinsame Lösung fest (1 c). Ein möglichst schon eingangs bestimmter Schreiber notiert sie auf dem roten Blatt.

D 10 Min. Sicherung

Mithilfe der Methode *one stay, three stray* gleichen die Gruppen vor dem Verfassen des Textes ihr Zwischenergebnis mit dem der anderen ab (so vergrößert sich – auch für ggf. schwächere Gruppen – die Sicherheit). Dazu verbleibt aus jeder Gruppe ein Schüler am Tisch und steht für Fragen usw. zur Verfügung bzw. stellt die Gruppenidee vor. Die übrigen vier Gruppenmitglieder „schwärmen aus“, jeder an einen der anderen Tische. Sie kehren zurück mit dem Wissen um die Ideen der anderen Gruppen, jeder Gruppe stehen somit alle Ideen zur Verfügung.

E 20 Min. Gruppenarbeit: Erarbeitung 2

Der zweite Arbeitsauftrag wird nun in der Gruppe bearbeitet. Die Schüler wenden ihre bisher entwickelten Ideen zu Bildung und Funktion der „neuen Verbform“ an und formulieren gemeinsam einen kurzen Text *„Demain, je vais/on va/nous allons …“*, den jeder Schüler mitschreibt.

F 15 Min. Präsentation

Aus jeder Gruppe trägt ein Schüler den Text dem Plenum vor. Es bietet sich an, den „Präsentator“ von der Lehrkraft bestimmen zu lassen und die Schüler im Vorfeld darauf hinzuweisen. So erhöhen sich Konzentration und Mitarbeit aller Gruppenmitglieder während der Erarbeitungsphase.

G Auswertung im Plenum

In jedem Fall müssen die Regel (ggf. als Merksatz) sowie Beispiele zur Bildung des *futur composé* noch einmal geordnet an der Tafel visualisiert werden.
Die Texte der einzelnen Gruppen sollten auf jeden Fall (je einmal) vom Lehrer eingesammelt und korrigiert werden.
Als Hausaufgabe können die Schüler z. B. zum Thema *„Mes prochaines vacances“* einen kleinen Text schreiben.

Zur Weiterarbeit bietet das Lehrbuch genügend Übungsmöglichkeiten, um die neue Zeitform zu festigen.

Le futur composé — *Anlage 1*

Le futur composé

1. Travaille seul!

   a) Continue et mets les formes qui manquent sur ta feuille bleue:

   AUJOURD'HUI, je téléphone.

   DEMAIN, je **vais** téléphoner.

   tu **vas** téléphoner.

   il, elle, on ____________________

   ____

   ____

   ____

   b) C'est un nouveau temps. Ce n'est plus le présent, c'est le __________.

   c) Mets ta feuille bleue à côté de la feuille rouge. Discute tes idées avec les autres et choisissez une solution.

2. Travaillez en groupe!

   Vous avez trouvé une solution? Alors, écrivez un petit texte ensemble. Commencez comme ça:

   > ***Demain, je vais/on va/nous allons ...***
   >
   > Exemple: Demain, je vais aller au cinéma.
   > Là, mes copains et moi, nous allons ...

3. Présentation

 Seite 1

Le rallye d' école

Vera Löhr

2–3 Unterrichtsstunden (vorzugsweise inkl. einer Doppelstunde)

Kooperatives Lernen: Gruppenrallye (Variante)

Das Kennen- und Erlernen von Richtungsangaben und Wegbeschreibungen, ob z.B. im Straßenverkehr oder inner- und außerhalb von Räumlichkeiten gehören zu den Basisinhalten des Fremdsprachenunterrichts der Sekundarstufe I. Das folgende Beispiel bezieht vertraute Umgebung und Ort des Französischlernens, die Schule, ein und fordert die Schüler auch zu körperlicher Bewegung auf. Die Vokabelliste (*Anlage 1*) ist ein Vorschlag, der bestimmte Vokabeln wiederholt und der modifiziert bzw. erweitert werden kann. Eventuell ist es sinnvoll, vorab den (bejahten) Imperativ zu wiederholen.

Ziele

- **Neuen Wortschatz festigen und einprägen**
- **Mit allen Sinnen und durch Handeln lernen**

Material

- Anlage 1 Klassensatz
- zur Durchführung der Rallye: Kopien aller Teilergebnisse (je 1 x pro Team)

Planungsverlauf

A 5 Min. Einteilung in (Zufalls-)Teams

Das Vorhaben wird kurz vorgestellt. Anschließend wird die Klasse in Teams zu je 3–4 Schülern eingeteilt (die Gruppengröße sollte nicht überschritten werden, da sonst der Übungseffekt für den Einzelnen nicht ausreicht bzw. einige sich „ausklinken“).

B 15 Min. Wiederholung

Innerhalb der Teams wiederholen die Schüler eigenständig den im Unterricht erworbenen Wortschatz zur Wegbeschreibung. Dazu können sie die Tafel (oder andere Hilfen zur Visualisierung von Richtungen z.B. Pfeile), Verben der Bewegung aber auch Raum und Mobilar nutzen und sich abfragen. Dazu werden einem Gruppenmitglied die Augen verbunden und diesen „blinden" Schüler navigiert das Team mündlich durch den Raum/in einen anderen Bereich.
Wichtig: In dieser Phase helfen die Mitglieder des Teams sich gegenseitig und gehen erst dann zur nächsten Phase über, wenn alle sich sicher fühlen.

C 45 Min. Ausarbeitung einer (Teil-)Rallye durch die Schule

Anlage 1: Vokabelliste

Nun beginnt die eigentliche Hauptaufgabe, das Planen, Erproben und Verschriftlichen einer Wegbeschreibung, deren Startpunkt bekannt ist, nicht aber deren Zielort. In Form einer Rallye müssen zu einem späteren Zeitpunkt alle Teams (alternativ: jeder einzeln) die Rallye durchlaufen, d.h., sie müssen die Wegbeschreibungen der anderen Teams verstehen und richtig umsetzen.
Ganz wichtig ist, dass die Teams sich verteilen und nicht gegenseitig bei der Vorbereitung beobachten, sodass Zielorte im Vorfeld der Rallye nicht bekannt sind. Allerdings dürfte das auf einem normal großen Schulgelände kein Problem darstellen.
Nach Möglichkeit soll das thematische Vokabular so vielfältig wie möglich zur Anwendung kommen. Dabei bilden die Angaben der Richtung das Gerüst, rundherum können verschiedene Räume, Plätze, Treppen, Ecken und andere „Hindernisse" bzw. besondere Orientierungspunkte der Schule die Wegbeschreibung vervollständigen.
Nach Abschluss der Ausarbeitung legt jedes Team der Lehrkraft die Endfassung seines Rallye-Teils zur Korrektur vor und schreibt ihn anschließend ins Reine. Ein Schülerbeispiel zur Orientierung findet sich als *Anlage 2* auf der CD-ROM.

D Durchführung der Rallye

Je nach Klassengröße durchläuft jedes Team ca. 6–7 (Teil-)Rallyes. Dies kann zeitgleich geschehen, wobei zu beachten ist, dass alle an unterschiedlichen Ausgangspunkten starten und dass (z.B. durch unterschiedliche Schwierigkeit, Länge oder Arbeitstempo) nirgendwo ein „Stau" entsteht.

Die Teams erhalten von der Lehrkraft an einem zuvor festgelegten Sammelpunkt die Kopie einer Wegbeschreibung. Sie begeben sich zum dort angegebenen Startpunkt, finden und notieren den Zielort. Dann kehren sie zum Sammelpunkt zurück und erhalten einen weiteren Teil der Rallye (Kopie).
Das Team, das am schnellsten alle Zielorte gefunden hat und am Sammelpunkt eintrifft, ist der Gewinner.

Alternativ wäre auch denkbar, jeden Schüler einzeln in die Rallye starten zu lassen, seine Gesamtzeit zu stoppen und am Ende die Gruppenzeit (bzw. die Sieger) durch Addition der Einzelleistungen zu ermitteln. Dieses Vorgehen entspricht der „klassischen“ Variante des Gruppenpuzzles und beinhaltet zusätzlich die Überprüfung der individuellen Kenntnisse (ohne Hilfe der Gruppe).

Le rallye d'école *Anlage 1*

Vokabelliste

Noms	Verbes	Adverbes/ Prépositions
un escalier	marcher	en avant
une marche	(aller)	en arrière
un pas	(prendre)	
	continuer	tout droit
un mètre	passer	à gauche
	tourner	à droite
le départ	monter	
le coin	descendre	au milieu
l'étage	traverser	à côté (de)
le carrefour	arrêter	entre
le secrétariat		
(le gymnase		
la cour		
la cantine		
les salles)		
…		

Look up and murmur – rugby and basketball

Marion Holwas

2 Unterrichtsstunden

Methodenkompetenz: Note taking, Versprachlichung von Notizen

Kooperatives Lernen: strukturierte Gruppenarbeit

Look up and murmur ist eine Methode, die (vor allem auch leistungsschwächere) Schüler befähigt den Inhalt komplexerer Texte mithilfe von gezielt ausgewählten Stichwörtern wiederzugeben. Gerade auch im Hinblick auf spätere, umfangreichere Präsentationen in den höheren Klassen macht es Sinn, diese Form des Memorierens immer wieder im Unterricht einzuüben.
In diesem Fall wurde in den vorangegangenen Unterrichtsstunden das Wortfeld *sports* gemeinsam erarbeitet, sodass die Schüler möglichst keine größeren sprachlichen Schwierigkeiten mit dem jeweiligen Text haben dürften.

Ziele

- **Das Wortfeld *sports* aktivieren**
- **ggfs. im Lehrwerk nachschlagen**
- **Schlüsselwörter markieren**
- **Mithilfe von Schlüsselwörtern auswendig lernen**
- **Die jeweiligen Regeln mithilfe der Schlüsselwörter vortragen**
- **Mindmap erstellen**

Material

- Anlage 1 je ein Arbeitsblatt für die Hälfte der Schüler
- Anlage 2 je ein Arbeitsblatt für die andere Hälfte der Schüler

Planungsverlauf

A 5 Min. Einstieg

Nach einem kurzen gemeinsamen Brainstorming zum Wortfeld *sports* wird die Klasse in zwei möglichst gleichgroße Gruppen eingeteilt.

B 10 Min. Einzelarbeit – Erläuterung der Aufgabenstellung

Anlage 1: Arbeitsblatt (Rugby)
Anlage 2: Arbeitsblatt (Basketball)

Sofern die Schüler mit *Look up and murmur* noch nicht vertraut sind, sollte der Lehrer den Sinn dieser Methode und die konkreten Arbeitsschritte erläutern und durch ein Beispiel konkretisieren.

C 30 Min. Einzelarbeit – Arbeit am Inhalt

Ihrem individuellen Tempo gemäß arbeiten die Schüler nun die Aufgaben eins bis vier des Arbeitsblattes ab.
Der Lehrer sollte sie vorab darauf hinweisen, dass sie bei Vokabelunklarheiten ihr Lehrwerk zu Hilfe nehmen können.

D 15 Min. Partnerarbeit – gegenseitiges Abhören

Gemäß dem fünften und sechsten Schritt des Arbeitsblattes setzen sich Tischnachbarn mit dem gleichen Text zusammen und vergleichen zunächst kurz ihre Schlüsselwörter.
Danach falten sie ihre Arbeitsblätter in der Mitte, sodass einer lediglich die Schlüsselwörter und der andere den ganzen Text lesen kann. Das Vortragen kann beginnen.

E 25 Min. Partnerarbeit – Erstellen einer Mindmap

Der Lehrer zählt die beiden Gruppen laut durch. Schüler aus den beiden Gruppen mit der gleichen Zahl setzen sich nun zusammen und tragen ihren Text mithilfe der Schlüsselwörter vor. Der jeweils zuhörende Partner notiert die wesentlichen Informationen in seiner Mindmap und fragt gegebenenfalls bei Unklarheiten nach.

Mögliche Oberäste (z.B. NUMBER OF PLAYERS, EQUIPMENT, LENGTH OF MATCH, RULES) werden vom Lehrer vorgegeben oder gemeinsam mit den Schülern ermittelt.

F 5 Min. Ergebnissicherung

Die Schüler benennen die wesentlichen Unterschiede zwischen Basketball und Rugby – zunächst als Partnercheck und dann im Plenum.
Als mögliche Hausaufgabe sollen die Schüler die Informationen aus ihrer Mindmap verschriftlichen.

Look up and murmur – rugby and basketball *Anlage 1*

Look up and murmur

Rugby **Keywords**

- There are 15 players in a team.
- They play rugby with an oval ball, not with a round ball.
- Players can kick, carry or throw the ball.
- Players can also tackle the player with the ball.
- Then that player has to give up the ball.
- When a player puts the ball on the ground behind the other team's goal line, it's a "try".
- The team then gets 5 points.
- After a team gets a "try", a player from that team can kick the ball over the other team's goalposts for a "goal".
- His team then gets 2 points.
- A player can also kick the ball over the other team's goalposts when he is running with it.
- Then his team gets 3 points.
- A match has two halves – each one is forty minutes long.

Instructions

1. Read the text carefully.
2. Use a highlighter to mark the two (max. three) most important words in each sentence.
3. Write these words down on the lines.
4. Try to learn each sentence by murmuring it several times. Look at the keywords on the right-hand side of the page. (In the end, you should be able to memorize the text with the help of the keywords.)
5. Fold the paper in the middle and ask your partner to check your text memory. You should be able to look at the keywords and your partner should see the whole text.
6. Swap roles.

 Seite 1

Worterschließungstechniken

Peer Brändel

1 Unterrichtsstunde

Methodenkompetenz: Lesetechniken, Worterschließungstechniken

Worterschließungstechniken sind nur **eine** Teilfertigkeit, die Voraussetzung für erfolgreiches Hör- und Leseverstehen ist. Sie ermöglicht es Schülern unbekanntes Vokabular zu entschlüsseln. Die Techniken tauchen in den Lehrwerken häufig im Rahmen von Strategien zum Vokabellernen auf.
Der folgende Vorschlag bündelt und systematisiert zunächst die bereits bekannten Strategien. Im Anschluss üben die Schüler, einzelne Strategien für die Entschlüsselung unbekannten Vokabulars zu nutzen.

Ziele

- **Worterschließungstechniken als Teilfertigkeit des Leseverstehens nutzen**

Material

- Arbeitsblatt 1 Materialblatt für den Lehrer
- Arbeitsblatt 2 Klassensatz und Folie
- Lektionstext/Schülerbuch

Planungsverlauf

A 15 Min. Kognition Worterschließungstechniken

Arbeitsblatt 1: Materialblatt für den Lehrer
Arbeitsblatt 2 und Folie (Mindmap)

Der Lehrer schreibt ausgewähltes Vokabular vom Materialblatt an die Tafel und erläutert anhand der Folie die einzelnen *Worterschließungstechniken* (= Äste der Mindmap). Die Schüler ordnen das gegebene Vokabular den einzelnen Ästen zu, was auf der Folie festgehalten wird.
Anschließend übertragen sie das Vokabular auf ihr Arbeitsblatt.

B 15–20 Min. Arbeitsphase

(Lektions)text

Die Schüler erhalten den Auftrag, einen ihnen unbekannten (Lektions)text zu lesen und unbekanntes Vokabular zu markieren bzw. die Wörter aus dem Buch herauszuschreiben. Die Bedeutung dieser Vokabeln soll nicht nachgeschlagen werden.
Im Anschluss versuchen die Schüler die deutsche Bedeutung der Vokabeln mithilfe der verschiedenen Worterschließungsstrategien herauszufinden, indem sie die Wörter den einzelnen Ästen zuordnen.

C 6 Min. Reflexion

Im Plenum stellen einzelne Schüler vor, welche Strategien sie für die Entschlüsselung einzelner Vokabeln genutzt haben. Die Schüler werden dabei feststellen, dass es zur Entschlüsselung eines Wortes nicht nur eine Lösung gibt, sondern dass durchaus verschiedene Strategien möglich sind (z. B. *extracurricular context* bzw. *collocation*).

Worterschließungstechniken *Anlage 2*

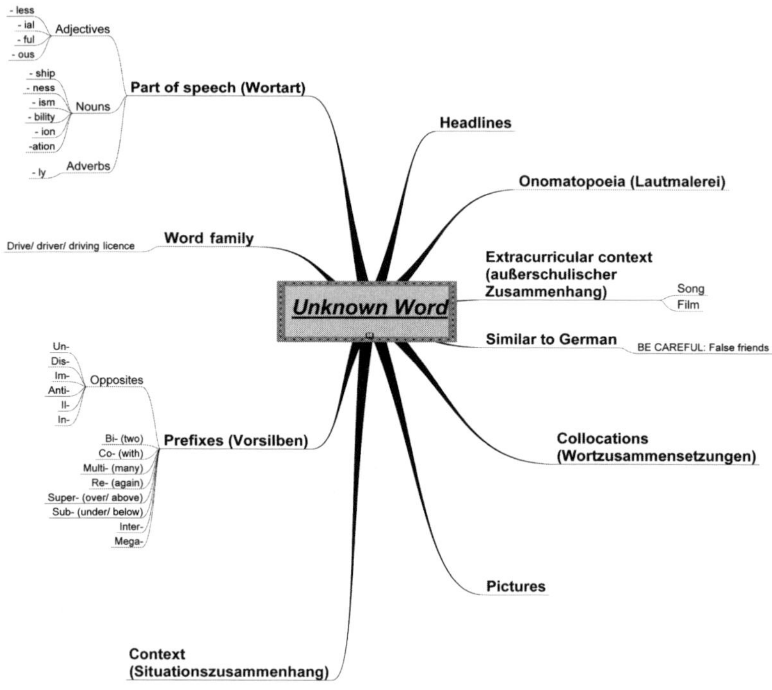

Computers

Susanne Rave

2 Unterrichtsstunden

Methodenkompetenz: Lesetechniken, Note taking

Kooperatives Lernen: strukturierte Gruppenarbeit

Unsere Schülerinnen und Schüler wachsen in einer Generation auf, in der der Gebrauch von vielfältigen Medien, PCs und Computern unumgänglich ist. Dieser Bereich sollte im aktiven Wortschatz eines jeden Schülers präsent sein. In dieser Einheit soll ebendieser Wortschatz zum Bereich Computer gefestigt bzw. reaktiviert werden. Gleichzeitig sollen die Schülerinnen und Schüler über ihre eigenen „Computer-Skills" nachdenken und zum reflektierten Umgang mit dem Medium angeregt werden.

Ziele

- **Thematisch bezogene Wortschatzarbeit üben**
- **Freies Sprechen mithilfe von Notizen üben**
- **Rollen im Rahmen einer umfangreichen Gruppen- bzw. Partnerarbeit üben und einhalten**
- **Informationen entnehmen**
- **Argumente sammeln und zusammenstellen**
- **Aktiv zuhören**

Material

- Anlagen 1–4 jeweils Klassensatz
- Je ein Pro- und Contra-Schild für die Diskussionsrunde

Planungsverlauf

A 15 Min. Einstieg

Anlage 1: Arbeitsblatt

Zum Einstieg in die Thematik befassen sich die Schüler mit dem *Questionnaire – My computer skills*. Dabei arbeiten die Schüler nicht allein, sondern stellen sich gegenseitig die Fragen auf ihrem Arbeitblatt. Die Interviewpartner können frei im Klassenraum gesucht werden.
Aufgabenstellung an der Tafel: *Fill in the questionnaire but don't answer the questions yourself. Ask two pupils in your class. Write down their answers. Be able to present the answers in full sentences to your class afterwards. Make sure you can give a report of the computer skills of one of your partners. Don't forget to speak English all the time.*
Austausch der Schülerergebnisse im Doppelstuhlkreis (Kugellager).

B 20 Min. Hinführung

Anlage 2: Arbeitsblatt

Die Schüler lesen verschiedene Meinungen, die sich mit der Thematik *Computers – good or bad?* beschäftigen. Die Aufgabenstellung findet sich auf dem Arbeitsblatt. Dabei arbeiten sie zunächst allein, tauschen sich dann mit einem Partner aus und stellen darauf in einer 4er-Gruppe ihre Argumente zusammen.

C 10 Min. Erarbeitung

Die Schüler arbeiten weiter in den festgelegten Gruppen. Die Lerngruppe wird dabei in zwei „Lager“ aufgeteilt. Die eine Hälfte der Lerngruppe arbeitet bis zum Ende der Stunde an den „Pro-Computer“- Argumenten und die andere Hälfte an den „Contra-Computer“-Argumenten. In den Kleingruppen wird ein Einstiegsstatement erarbeitet, die Argumente werden noch einmal besprochen und als *notes* verschriftlicht.

D 10 Min. Warming up

Anlage 3: Quiz

Als *warming-up* für die zweite Unterrichtsstunde dient das *Quiz on Computers*. Die Lerngruppe befolgt dabei die Arbeitsanweisungen auf dem Arbeitsblatt. Mit ungeübten Lerngruppen sollten diese zunächst besprochen werden.

E 5 Min. Wiederholung

Die Kleingruppen der vorhergehenden Stunde setzen sich noch einmal kurz zusammen, um die erarbeiteten Argumente zu wiederholen.

F 5 Min. Aufgabenstellung

Anlage 4: Arbeitsblatt 4

Für die folgende *Debating*-Phase bekommen die Zuhörer Höraufträge. Diese sollten zur Klärung im Plenum kurz besprochen werden.

G 15 Min. *Debating*

Aus den Pro- und Contragruppen werden per Losverfahren je eine Schülerin bzw. ein Schüler ausgewählt. Der Klassenraum sollte wie bei einer Fernsehshow umgestellt sein. Vorne eine Tischreihe mit einem Pro-Schild auf der einen und einem Contra-Schild auf der anderen Seite. Die ausgewählten Schüler setzen sich auf die entsprechenden Seiten. In dieser Phase sollte die Lehrkraft als Moderator fungieren. Alle Diskussionsteilnehmer geben jetzt kurz ihr vorbereitetes Statement ab und können dann mit ihren weiteren Argumenten aufeinander reagieren. Diese Phase erfordert sehr viel Konzentration und muss wahrscheinlich einige Male geübt werden.
Hinweis: Die Mühe lohnt sich, denn dieses Vorgehen kann für viele andere Themen genutzt werden.

H 10 Min. Auswertung

Anhand der genannten Argumente und der Beobachtungsfragen der Zuhörer wird die Diskussion im Plenum ausgewertet und alle Argumente werden an der Tafel gesammelt. Auch diese Phase erfordert etwas Übung.

Computers – good or bad?

A lot of teenagers have a lot of different opinions about computers. Here are some of them.

My parents always tell me that I spend too much time on the computer. They tell me I won't be good at school and I won't learn how to spell or write. So I'm only allowed to use it for half an hour every day. But when they aren't at home, I play computer games all the time. I love to do that.

For me computers are absolutely useless. I don't like them at all. I'm terrible with them. We have got a computer at home but I don't use it very often.

I'm one of the lucky kids. I have got my own computer and I can use it as much as I want. I can find great information on the Internet and my homework is always tidy. I never have to use a rubber. If you get something wrong on the computer, you can very easily change it.

My dad works with a computer. He says it saves a lot of paper and he can exchange information with a lot of people all over the world. They can send e-mails and it is quicker and easier than letters.

My mum worries a lot about all the bad things you can find on the Internet, so I'm only allowed to surf when she helps me.

My parents say a computer is too expensive and it's bad for my eyes. And they think that children who spend a lot of time on the computer don't have any real friends. But I think their opinion is stupid. I always use my friend's computer now. I don't have one at home.

I'm in the computer club at school. I've made lots of new friends there. We help each other with problems, play games and have lots of fun with the Internet. We also write articles for our school magazine and the school website. We have got an e-mail project with our partner school in Germany.

---

1. Read the texts and underline the arguments for (= red) and against (= green) computers.
2. Make a list of arguments for (+) and against (–) computers. What do you think?
3. Do you use a computer at home or at school? What do you use it for? Think of more arguments and add them to your list.

Inventions – a project

Susanne Rave

8 Unterrichtsstunden/Bearbeitungszeitraum 2 Wochen

Methodenkompetenz: Projektarbeit

Mit den Schülern wurden vorab verschiedene Erfindungen, die im Alltagsleben eines jeden Schülers Anwendung finden und auch solche, die nicht real existieren, behandelt (siehe auch EG 2000 Seite 34/35). Der entsprechende Wortschatz wurde im Unterricht erarbeitet. In dieser Projektphase erarbeiten die Schüler anschließend ihre eigene Traumerfindung und präsentieren diese dann der Lerngruppe.

Ziele

- **Thematisch bezogene Wortschatzarbeit üben**
- **Informationsbeschaffungs- und Präsentationstechniken anwenden**
- **Freies Sprechen mithilfe von Notizen üben**
- **Rollen im Rahmen einer umfangreichen Gruppenarbeit bzw. Partnerarbeit üben und einhalten**
- **Gruppeneigenen Zeitplan beachten**

Material

- Anlage 1 je ein Arbeitsblatt pro Schüler
- Anlage 2 je ein Arbeitsblatt pro Schüler und Gruppe
- Materialien zur Erstellung von Plakaten

Planungsverlauf

A 10 Min. Einstieg

In der vorhergehenden Unterrichtseinheit wurden *inventions* thematisiert. Zur Wiederholung des Wortschatzes bietet sich ein Brainstorming in Kleingruppen oder im Plenum an.

B 20 Min. Hinführung

In Einzelarbeit erstellen die Schüler eine Liste der *inventions*, die sie im Alltag gebrauchen.
Aufgabenstellung an der Tafel: *These great inventions make my day easier.*
Zur Schulung des aktiven mündlichen Sprachgebrauchs und zur Erweiterung ihrer Ideen tauschen sich die Schüler in der Fremdsprache aus (Partnercheck).
Lehrerhinweis: *Don't forget to speak English all the time.*
Nach dieser Austauschphase erstellen die Schüler eine zweite Liste mit *inventions,* die sie gerne machen würden.
Aufgabenstellung an der Tafel: *These are the things I would like to invent to make my life easier.*
Wieder arbeiten die Schüler zunächst allein und tauschen sich dann mit ihrem Partner in Englisch aus. In dieser Phase dürfen auch Fragen zum *gadget* gestellt werden. Diese sollen die Schüler bereits auf ihre Aufgabe in der Arbeitsphase vorbereiten.
Im Anschluss an die Partnercheckphase werden im Plenum einige Ideen vorgestellt. Die Schüler dürfen dabei nicht ihre eigenen sondern nur gehörte Ideen erwähnen. Dieses Verfahren schult das bessere Zuhören in der Partnerarbeitsphase.

C 5 Min. Gruppenfindung

Bei Lerngruppen, die an die Arbeit in Gruppen gewöhnt sind, können sich jetzt die Schüler ihre Gruppen (vier Personen) nach der Ähnlichkeit ihrer Erfindungen zusammensuchen. Dafür bietet sich eine Murmelphase an, in der die Schüler auch ihre Plätze verlassen dürfen. Diese Form der Gruppenfindung erfordert etwas Übung, hat allerdings den Vorteil, dass die Gruppen sich im weiteren Verlauf nicht allzu lange auf ein *gadget* einigen müssen.
Alternativ ist auch eine Gruppeneinteilung per Losverfahren denkbar. In dem Fall müssen sich die Gruppen auf eine Erfindung, die es zu erarbeiten gilt, einigen.

D 10 Min. Aufgabenstellung

Anlage 1

Die Kleingruppen erhalten ihre Aufgaben und klären zunächst Verständnisfragen. Bei ungeübten Lerngruppen kann an dieser Stelle eine Plenumsphase eingeschoben werden, in der die Aufgabenstellung besprochen werden kann. Geübte Lerngruppen klären diese Phase in den Kleingruppen.

Punkt 5 der *instruction* muss zuvor mit dem Kunstunterricht abgestimmt werden. Sollte eine Zusammenarbeit der Fächer nicht möglich sein, muss dieser Punkt abgeändert werden.

E Ca. 4 Unterrichtsstunden Erarbeitung

Den Kleingruppen sollte Zeit gegeben werden, um in ihr eigenes Thema hineinzufinden. Wenn möglich stellt die Lernkraft in dieser Phase einen Internetzugang und Wörterbücher bereit und steht selbst für Hilfestellungen und Ratschläge zur Verfügung. Für die weitere Erarbeitung sollten ebenfalls Computerarbeitsplätze zugänglich sein, da die Schüler dann auch während der Unterrichtsstunden an ihren Handouts arbeiten können. Die Lerngruppe benötigt ebenfalls Materialien für die Präsentationen, diese können ausgelegt werden. Zur weiteren Schulung der Fremdsprache ist es allerdings empfehlenswert, dass die Kleingruppen ihr Material in der Fremdsprache bei der Lehrkraft mündlich „bestellen“ müssen.

F Ca. 3 Unterrichtsstunden Präsentation und Auswertung

Anlage 2: Bewertungsblatt

Für die Präsentationsphase sollte ausreichend Zeit eingeplant werden. Realistisch ist die Präsentation von 2–3 Gruppen pro Unterrichtsstunde, da eine eingehende Besprechung der Präsentation wichtig ist. Der Bewertungsbogen für die Präsentationen muss vorab intensiv besprochen werden.
Während der Präsentationsphase der Kleingruppen haben die Zuhörer die Aufgabe, die jeweiligen Gruppen und Einzelpersonen zu bewerten. Für ungeübte Lehrpersonen ist es ratsam, bei den ersten Präsentationen eine weitere Lehrkraft um ihre Unterstützung zu bitten. Die Bewertung einer Gruppenpräsentation erfordert etwas Routine.

Anmerkung: Es ist möglich, dieses Projekt mit Genehmigung der Schulkonferenz statt einer Klassenarbeit zu bewerten. Dann ist es selbstverständlich notwendig, den Bewertungsbogen vor der Erarbeitungsphase im Unterricht zu thematisieren, damit für die Schüler genügend Transparenz entsteht.

Inventions – a project *Anlage 1*

Instructions

1. This project will be all your own ideas and design.
2. Your gadget must help to solve a real problem.
3. So, find a real problem. What is the best solution to it? Make notes and discuss it in your group.
4. The gadget you invent doesn't have to be a realistic gadget. But it has to be logical.
5. You'll draw your gadget in your art classes.
6. You'll have to prepare a handout with a short description of your invention for your class. This handout has to be a one-page long summary of your presentation. You have to write it with the computer. The lay-out is important. The hand-out has to contain the names of the group, the title of the gadget, the problem the gadget solves, the solution and the function of the gadget.
7. Don't forget to practise your presentation in your group. You have to use correct and understandable language. Speak slowly and clearly. Eye contact to your class is important. Your speech should be fluent. Point out the important facts. Be convincing. Don't forget to use your notes.

Projects (hand-out, posters, etc.) have to be finished by ______________________________.
Every member of the group has to take part in the presentation. Group members have to have equal talking time.
The presentation has to be at least ______ minutes and not more than ______ minutes.

Have fun and good ideas!

Jahrgangsstufe 8

Les pronoms d'objet direct et indirect

Susanne Heemeier/Vera Löhr

2 Unterrichtsstunden

Kooperatives Lernen: Galeriegang

Das Ersetzen von direkten oder indirekten Objekten durch die entsprechenden Objektpronomen sowie deren Reihenfolge im Satz fällt Schülern erfahrungsgemäß bis in höhere Klassenstufen schwer. Das frühe konsequente Üben dieses grammatischen Phänomens in unterschiedlichen Kontexten sowie in möglichst vielen Lernarrangements ist daher unabdingbar.
Ist neben den „klassischen" grammatischen Aufgabentypen auch ein für das Vorhaben „ungewöhnliches" Vorgehen denkbar? Das vorliegende Beispiel stellt die kooperative Lernform *Galeriegang* als mögliche Übungsform grammatischen Inhalts vor.

Ziele

- **Alle Schüler setzen sich intensiv mit dem grammatikalischen Phänomen auseinander**
- **Die eigene Sichtweise durch Einbezug fremder Ideen erweitern**

Material

- DIN-A2-Bögen (ca. 7 x)
- Anlage 1 (1 x)
- dicke Filzstifte

Planungsverlauf

A 5 Min. Vorbereitung

Anlage 1

Die Vorbereitungen sollten am besten bereits vor der Stunde, in Abwesenheit der Schüler, getroffen werden. Entsprechend der Anzahl der Schülergruppen werden die DIN-A2-Bögen im Raum verteilt aufgehängt. Sie erhalten die Überschrift *Groupe 1 (2, 3, ...)* und zwei französische Sätze, die jeweils eine oder mehrere Objekte enthalten (s. Anlage).

B 10 Min. Einteilung in Gruppen, Erläuterung des Vorhabens

Zu Beginn der Stunde wird die Klasse in Gruppen zu je ca. 4 Schülern eingeteilt. Dabei sollte berücksichtigt werden, dass die Anzahl leistungsstärkerer und -schwächerer Schüler pro Gruppe ungefähr gleich ist.
Falls die Lerngruppe mit der kooperativen Lernform (Galeriegang) nicht vertraut ist, sollte neben der Besprechung des Arbeitsauftrages auch der komplette Ablauf vorab im Plenum besprochen werden.

C 35 Min. Erarbeitung in den Gruppen

Jede Gruppe startet vor „ihrem" Bogen, diskutiert und beschließt gemeinsam eine Lösung des „Problems" (Ersetzen der/mehrerer Objektergänzung(en) durch das entsprechende Objektpronomen). Die Lösung wird mit Filzstift von einem Gruppenmitglied auf dem Bogen notiert (*Commentaire*).
Auf ein Signal der Lehrkraft wechseln alle Gruppen im Uhrzeigersinn zum nächsten Bogen, diskutieren dessen Problemstellung unter Einbezug der bereits von der/den Vorgruppe(n) notierten Idee(n).

D 15 Min. Auswertung in der Gruppe

Am Ende steht jede Gruppe wieder vor „ihrem" Ausgangsplakat und diskutiert noch einmal, wie zu Beginn des Galerieganges, die Problemstellung auf dem Plakat. Nun aber werden alle Vorschläge (*commentaires*) der anderen Gruppen mit einbezogen.
Die Gruppe einigt sich auf eine abschließende Zusammenfassung der Ergebnisse.

E Diskussion und Sicherung im Plenum

Jede Gruppe präsentiert ihr Ergebnis im Plenum. Dabei sollen nicht nur ein etwaiger Konsens, sondern durchaus auch Unstimmigkeiten/Probleme vorgestellt und erörtert werden.
In jedem Fall sollten nicht eindeutige Ergebnisse auch noch einmal an der Tafel visualisiert und mithilfe der Lehrkraft geklärt werden.
Hinweis: Je nach Leistungsstärke der Lerngruppe bietet sich ein unterschiedlicher Einsatz des Arbeitsmaterials an. So kann beispielsweise für eine schwächere Gruppe unterstützend das durch ein Pronomen zu ersetzende Objekt auf dem Plakat unterstrichen werden (in Sätzen mit mehreren Möglichkeiten ggf. auch nur eins).
Lernstarke Gruppen wiederum können von vornherein darauf hingewiesen werden, dass sie **alle** möglichen ersetzbaren Objekte finden und austauschen müssen (nicht unterstrichen). Das setzt voraus, dass neben der Unterscheidung zwischen direktem und indirektem Objektpronomen auch deren Reihenfolge bei Aufeinanderfolgen bekannt ist (*me, te, ..., le, la, l', les* vor *lui, leur*).

Fazit: Der *Galeriegang* ist, so unsere Erfahrung, neben seinen vielfältigen Einsatzmöglichkeiten in inhaltsbezogenen Kontexten auch gut für die Auseinandersetzung mit grammatischen Phänomenen geeignet.
Mit wenig Aufwand wären z.B. Galeriegänge zur Verneinung (*ne...pas, ne... plus, ne...pas encore, ne...jamais, ne...rien*), zur Unterscheidung von *passé composé/imparfait* oder (in höheren Klassen) zur Unterscheidung von realem und irrealem Bedingungssatz (*si/quand*) denkbar.

Immigration to the USA

Joachim Blombach

2–3 Unterrichtsstunden

Methodenkompetenz: Lesetechniken, Note taking, Visualisierungstechniken

Kooperatives Lernen: Marktplatz, strukturierte Gruppenarbeit

Die Schüler erfahren, dass die USA seit Jahrhunderten ein Einwanderungsland sind. Durch die zugrunde liegenden Texte wird ihnen deutlich, dass es sich häufig um Einwanderungswellen unterschiedlicher Bevölkerungsgruppen zu unterschiedlichen Zeitpunkten handelt. Dabei werden auch Gründe und Konsequenzen und viele weitere Hintergründe zur Einwanderung in die USA vermittelt.
Neben der Erarbeitung der Inhalte geht es gleichzeitig um die integrative Anwendung und Übung unterschiedlicher Kompetenzbereiche (kommunikativer, methodischer und sozialer Art) in einem komplexen Lernzusammenhang.

Ziele

- **Textinhalt mithilfe der Lesestile *skimming* und *intensive reading* erfassen**
- **Markierungstechniken und unterschiedliche Formen des *Note taking* anwenden**
- **Textinformationen mithilfe von *notes* weitergeben**
- **Notizen zu einem gehörten Text machen**
- **Quiz zum Themenbereich gemeinsam lösen**
- **Historische Abfolgen mithilfe einer Zeitleiste (*timeline*) visualisieren**
- **Gruppenergebnisse präsentieren**

Material

- Anlagen 1 und 2 jeweils Klassensatz
- Anlage 3 1 x je Gruppe
- Flipchartpapier, Tapetenrolle o. Ä.
- Eddings

Planungsverlauf

A 5 Min. Einstieg

Der Lehrer führt inhaltlich zum Thema *Immigration to the USA* hin bzw. knüpft an schon Bekanntem an.

Dann erläutert er das Vorhaben und die Bedeutung konzentrierten Arbeitens sowohl in der Einzelarbeit, dem späteren Marktplatz und der Gruppenarbeit. Er erläutert auch das Ziel, dass nach dem Zusammentragen aller Informationen in Gruppen jede Gruppe ein Quiz über die Einwanderung in die USA lösen muss, das sich auf die Informationen aller *information cards* bezieht. In Vorbereitung auf die nächste Arbeitsphase hat der Lehrer das Arbeitsblatt in 10 kurze Einzeltexte geschnitten.

B 15 Min. Einzelarbeit – reading/note taking

Anlage 1und 2: Arbeitsblatt und Auswertungsbogen

Jeder Schüler erhält einen Text zum Thema *Immigration to the USA*. Der Lehrer weist auf die Bedeutung eines konzentrierten Lesens und späteren Markierens hin, da nach dieser Phase alle Schüler ihre Texte wieder abgeben müssen und für die Weiterarbeit nur ihre eigenen Notizen nutzen können. Dieser wichtige Hinweis führt in der Regel zu einem intensiveren und konzentrierteren Arbeiten.

In Einzelarbeit liest jeder Schüler seinen Text zunächst im Sinne des überfliegenden Lesens (*skimming*). Dabei ist es wichtig und hilfreich, gerade an dieser Stelle noch einmal darauf zu verweisen und bewusstzumachen, dass bei diesem ersten Schritt noch auf keinen Fall markiert werden soll (aus Erfahrung neigen Schüler dazu). Erst beim zweiten Lesen (*intensive reading*) sollen sie die wesentlichen Informationen markieren. Zwischenzeitlich teilt der Lehrer den

Auswertungsbogen (*Anlage 2*) aus, auf dem jeder Schüler die Informationen seines Textes in die jeweilige Rubrik einträgt. Durch den begrenzten Platz auf dem Auswertungsbogen sind die Schüler dazu gezwungen, nur wesentliche Informationen als Notizen aufzuschreiben.

Dann sammelt der Lehrer die Texte wieder ein.

C 20 Min. Marktplatz – Austausch von Informationen

In Form der kooperativen Lernform „Marktplatz" tauschen sich die Schüler in der Klasse über ihre jeweiligen Teilaspekte zum Thema aus. Dazu gehen sie in der Klasse umher und suchen einen Mitschüler, der einen anderen als den eigenen Text bearbeitet hat (*Excuse me, I've got information about…, and I still need information about … Can you help me?*). Die beiden Schüler tauschen sich nun in der Fremdsprache aus. Während Schüler A zunächst seine Informationen, die er auf seinem Auswertungsbogen geschrieben hat, an B mündlich weitergibt, notiert B diese Infos auf seinem Auswertungsbogen. Dann wird das ganze umgekehrt durchgeführt, sodass am Ende des Kommunikationsprozesses jeder die Information über einen ihm bis dahin unbekannten Teilaspekt zur Einwanderung in die USA hat. Danach suchen sich Schüler A und B einen neuen Mitschüler (C+D), die möglichst andere *information cards* bearbeitet haben. A und C bzw. B und D tauschen sich in derselben Weise wie vorher aus. Dann gehen alle wieder auf Suche nach einem weiteren Mitschüler, der einem noch fehlende Informationen geben kann bzw. der noch fehlende Informationen sucht. Diese Form der Informationsgewinnung bzw. -weitergabe wird von allen in der Klasse in derselben Form praktiziert.
Stellt sich heraus, dass der angesprochene Partner nur über schon vorhandene Informationen verfügt, geht der betroffene Schüler zu einem weiteren Mitschüler. Auf diese Weise kann jeder Schüler die fehlenden Informationen auf seinem Auswertungsbogen nach und nach ergänzen.

Wichtig: Als Lehrer ist unbedingt darauf zu achten, dass sich die Schüler in Partnergruppen und nicht schon in Kleingruppen zusammenstellen, wozu sie in solchen Phasen gern neigen.

In dieser Phase geht es nicht darum, möglichst alle fehlenden Informationen zu erhalten – was im Hinblick auf die nur begrenzt zur Verfügung stehende Zeit auch nicht möglich ist. Lernlangsamere oder schwächere Schüler sollen die Chance haben, ohne Zeitdruck ihren Fähigkeiten entsprechend arbeiten zu können.

D 20 Min. Gruppenarbeit – Ergebnissicherung

Nach ca. 20 Minuten bricht der Lehrer die Aktivität ab und fordert die Schüler auf, sich in 5er-Gruppen zusammenzusetzen. Die Gruppeneinteilung erfolgt nach dem Zufallsprinzip (z.B. durch Abzählen).

Innerhalb der Gruppe sollen sich die Gruppenmitglieder untereinander helfen, um die jeweils fehlenden Informationsfelder durch gegenseitigen Austausch zu ergänzen bzw. die eigenen Informationen auf ihre Korrektheit zu überprüfen. Dazu nennt reihum jeder in der Gruppe die Rubriken, die ihm noch fehlen (z.B. *I haven't any information about artificial island and peninsula? ...*). Einer aus der Gruppe, der Informationen über *Hispanic Americans* hat, gibt diese entsprechend weiter. Alle, die sie bisher nicht hatten, ergänzen sie auf ihrem Auswertungsbogen, während diejenigen, die diese Informationen schon haben, sie auf Richtigkeit überprüfen und ggf. Falsches korrigieren. Auf diese Weise vervollständigt die Gruppe gemeinsam den Auswertungsbogen und überprüft gleichzeitig miteinander die Korrektheit der einzelnen Notizen.

Anmerkung: Die Chance, dass auf diese Weise einige Rubriken nicht ausgefüllt werden, ist recht gering, da bei fünf Gruppenmitgliedern die Wahrscheinlichkeit sehr groß ist, dass zumindest ein Gruppenmitglied in der vorhergehenden Phase die Informationen erhalten hatte. Sollte das nicht der Fall sein, besteht die Möglichkeit, einen kurzen Informationsaustausch im Plenum durchzuführen.

E 10 Min. Gruppenarbeit – Quiz

Anlage 3: Quiz

Bevor die Schüler in der Gruppe gemeinsam versuchen, die Fragen zu beantworten, macht der Lehrer noch einmal darauf aufmerksam, dass jeder aus der Gruppe in der Lage sein muss, die Ergebnisse zu präsentieren. Dies erfolgt wieder nach dem Prinzip des *Numbered-Heads-Together*. Im Vorfeld teilen sich die Schüler innerhalb der Gruppe eine Zahl zwischen 1 und 4 zu. Dadurch wird gewährleistet, dass jedes Gruppenmitglied bis zur Beendigung der Arbeit intensiv am Gruppenprozess teilnimmt, da jeder aus der Gruppe an der Präsentation beteiligt ist.

Bewusst wird nur ein Arbeitsblatt pro Gruppe ausgeteilt, sodass alle Gruppenmitglieder miteinander arbeiten müssen, indem einer in der Gruppe die

Frage vorliest, alle anderen dabei helfen, diese zu beantworten. Alle notieren jedoch die Antwort.

F 10 Min. Vorstellung der Lösungen

Nach dem Zufallsprinzip werden nun Schüler einzelner Gruppen aufgefordert, die gemeinsam gefundenen Antworten vor der Klasse vorzutragen. Alle vergleichen diese mit ihren eigenen Antworten. Notwendige Korrekturen werden durchgeführt.

G 45 Min. Vertiefende Weiterarbeit: Producing a timeline

Anlage 1: Arbeitsblatt sowie Flipchartpapier, Tapetenrolle

Vor allem in lernstarken Klassen können die Gruppen gemeinsam eine Zeitleiste (*timeline*) über die Einwanderung in den USA erstellen. Dazu werden ggf. auch noch einmal die Texte für alle Schüler ausgeteilt, sodass die Informationen erneut nachgelesen werden können.

H 15 Min. Präsentation der Zeitleisten

Nach Erarbeitung der *timeline* werden diese im Klassenraum aufgehängt und präsentiert. Diese Präsentation kann unterschiedlich erfolgen.

Möglichkeit 1: Die Gruppen kleben ihre Zeitleisten im Klassenraum auf. Die Schüler gehen dann im Sinne eines Leseraums im Klassenraum herum und schauen sich die einzelnen Produkte an.

Möglichkeit 2: Jede Gruppe präsentiert ihre *timeline* in Form einer Stafettenpräsentation. (Jedes Gruppenmitglied übernimmt einen Teil der Präsentation und gibt – wie beim Stafettenlauf – am Ende seiner Teilpräsentation an den nächsten Schüler ab.)

Gemeinsam wird reflektiert, welche Zeitleiste besonders gelungen ist.

I 10 Min. Ergänzung: Reflexion

Am Ende einer solchen komplexen Aufgabenstellung, in der unterschiedlichste Kompetenzen von den Schülern gefordert und gefördert wurden, bietet sich ein gemeinsam Nachdenken an (vgl. S. 118).

Immigration to the USA *Anlage 3*

Group work

➪ Read the following questions and answer them together. Use the notes you made during the interviews.

➪ Later everybody in the group must be able to present your answers in class.

1. Where did most immigrants come from between 1880 – 1920?
2. Why did millions of Germans leave Germany after 1848?
3. Why didn't the Asian population grow much first in the USA?
4. What was the Mayflower?
5. Where did the black Americans come from?
6. Name three conditions people had to fulfil to become an American citizen.
7. Which countries did the Hispanic immigrants come from?
8. What happened to the new immigrants on Ellis Island?

Preparing and evaluating a presentation

Peer Brändel

Methodenkompetenz: Präsentationstechniken, Selbst- und Fremdevaluation

Das Material dient dazu, Schülern zu helfen, einen mündlichen Vortrag vorzubereiten. Zunächst *brainstormen* die Schüler Merkmale, die eine ansprechende Präsentation ihrer Meinung nach ausmachen.
Im Anschluss werden sie schrittweise angeleitet, wie sie ihren mündlichen Vortrag vorbereiten und wie sie ihre Präsentation mithilfe von Medien ansprechender machen können.
Das folgende Material (*Anlagen 1* und *2*) hilft Schülern, geplante Vorträge bzw. Referate für die Präsentation zu strukturieren. Es ist inhaltlich unabhängig, gibt jedoch geeignete Redemittel, die Schüler benötigen, um z.B. Phasen wie Anfang und Ende eines Vortrags anzuzeigen, das Thema vorzustellen oder z.B. zu einem neuen Aspekt überzuleiten. Mithilfe von *Anlage 3* können die Schüler die Präsentationen ihrer Mitschüler evaluieren.

Ziele

- **Schüler erarbeiten Merkmale eines gelungenen mündlichen Vortrags**
- **Lernen, wie man schrittweise einen mündlichen Vortrag vorbereitet**
- **Funktionalen Wortschatz nutzen, der für die Strukturierung eines mündlichen Vortrags notwendig ist**
- **Üben, mündliche Vorträge von Mitschülern zu evaluieren**

Material

- Anlagen 1–3 jeweils Klassensatz

Preparing and evaluating a presentation *Anlage 2*

How to present in front of the class

Steps	How/Why	Useful phrases
1. Introduce yourself/ members of group	Show that it's a group result.	I'm … In our group are …
2. What topic did you work on?	So the class knows what you are going to talk about.	We are going to tell you sth. about … We worked on … We had to find out …
3. Giving a general idea	So the audience gets an idea about the structure of your talk. It might stop them asking questions you are going to deal with later. Tell the class whether you expect them to take notes/ copy sth. from the board or whether you will hand out a sheet later.	First …/Second …/Finally we'll deal with … We'd like to start with … Then …/After that … You don't have to take notes … You'll get a sheet at the end of the presentation … Copy the notes from the board, please.
4. Main part	Structure your presentation. Short breaks and certain phrases show that you are going to talk about a new aspect … Use linking words. Explain/Justify what you say.	One aspect is …/Another aspect is … On the one hand …/On the other hand … An advantage/A disadvantage is … In contrast to that … Furthermore … Apart from that … It might be interesting to know … In line X it is said that … I think so because …
5. Summing up	If you summarize the main aspects, it's easier for the class to keep them in mind.	As a result, one can say … To sum up, you can see …
6. Asking for questions	Make sure the class understood what you said.	Are there any questions? Is there anything you'd like to know?
7. Ending the presentation	Show clearly that you have finished your presentation.	Thanks for listening.

Kooperatives Erarbeiten von *picture stories*

Joachim Blombach

2 Unterrichtsstunden

Methodenkompetenz: Note taking

Kooperatives Lernen: strukturierte Gruppenarbeit

Bildimpulse dienen im Fremdsprachenunterricht in der Regel dazu, Schüler zum Sprechen zu motivieren. Dabei ist die Situation meist relativ unrealistisch bzw. künstlich, wenn es darum geht, das Bild zu beschreiben. Ein Bild, das alle Schüler im Buch oder als Folie sehen, bedarf eigentlich keiner Versprachlichung, denn die Informationen sind für alle nachvollziehbar und klar – eine Ausnahme ist dann gegeben, wenn das Bild interpretiert werden soll und wenn auf diesem Weg unterschiedliche Meinungen und damit ein „echter" Austausch von Informationen im Sinn einer Diskussion erfolgt. Im zunächst geschilderten Normalfall geht es in der Tat um das formale Üben im Sinne einer „sprachbezogenen Kommunikation" – also um *describing pictures*, ein sicherlich wichtiger *skill* für Fremdsprachenschüler. Ziel des Fremdsprachenunterrichts sollte es jedoch sein, so viele Situationen wie möglich zu schaffen, in denen Schüler die Fremdsprache zum Austausch von Informationen untereinander nutzen können, sie also im Sinne einer „mitteilungsbezogenen Kommunikation"[1] verwenden. Dafür eignen sich Bildgeschichten.

Wichtig: Um den Schülern auch sprachliche Sicherheit bei der Beschreibung von Bildern zu geben, bietet es sich an, vorab Redemittel zu *describing pictures* zu wiederholen und zu üben (*on the left/right – in the middle – in the foreground/background – at the top/bottom; Prepositions: behind – in front of – next to – between;* Gebrauch des *present progressive (In my picture the girl is standing …)*

1 Vgl. Black, Colin/Butzkamm, Wolfgang. „Sprachbezogene und mitteilungsbezogene Kommunikation im Englischunterricht" in: Praxis 2/77, S. 115–124

Ziele

- **Bildgeschichte rekonstruieren**
- **Bilder unter Verwendung spezifischer Redemittel zur Bildbeschreibung versprachlichen**
- **Einfache Argumentationsstrategien anwenden**
- **Bildgeschichte verschriftlichen**
- **Rollen im Rahmen einer umfangreichen Gruppenarbeit üben**

Material

- Anlage 1 Klassensatz und je ein Arbeitsblatt pro Gruppe
- Anlage 2 Alternative oder weitere Bildgeschichte

Planungsverlauf

A 10 Min. Einstieg

Anlage 1 oder 2: Pro Gruppe eine Bildgeschichte: die Bilder werden ausgeschnitten; je zwei Bilder pro Schüler in der jeweiligen Gruppe

Die Klasse wird in Zufallsgruppen à 5 Personen eingeteilt. Jeder Schüler erhält vom Lehrer zwei aus der Bildgeschichte zufällig ausgewählte Bilder. Wichtig ist hierbei, dass die Bilder auf keinem Fall den Mitschülern gezeigt werden dürfen. Der Unterrichtende erläutert die Aufgabenstellung:
Jedes Gruppenmitglied beschreibt nacheinander die beiden Bilder, die es erhalten hat. Dabei ist es wichtig, dass die Beschreibung sehr präzise ist. Die anderen Gruppenmitglieder haben die Möglichkeit, bei Unklarheiten in der Fremdsprache nachzufragen.
Ziel ist es, dass die Gruppe gemeinsam durch den fremdsprachlichen Austausch die Bildgeschichte rekonstruiert, ohne sich die Bilder gegenseitig zu zeigen. Das bedeutet, dass nur durch das gemeinsame Handeln das Ziel erreicht werden kann.

Zur Lernzielüberprüfung soll am Ende ein per Zufall bestimmter Gruppensprecher dem Lehrer in einem Einzelgespräch die Bildgeschichte zusammenfassend darstellen.

Auch hier gilt – wie in allen Gruppenarbeiten in der Fremdsprache – mindestens die beiden Rollen *Watchdog*, und *Noisemanager* explizit in jeder Gruppe zu besetzen, wenn dies nicht ohnehin Standard in der fremdsprachlichen Gruppenarbeit sein sollte.

Anmerkung: Der Schwierigkeitsgrad und die Komplexität der Aufgabe steigern sich mit der Anzahl der Gruppenmitglieder und der Einzelbilder. Dementsprechend ändern sich auch die vorgeschlagenen Zeitangaben.

B 10 Min. Alternativer Einstieg für „eingespielte" Klassen

Der Unterrichtende teilt die Klasse nach Zufallsprinzip in gleich große Gruppen auf. Jede Gruppe bestimmt dann einen Gruppensprecher – je nach Einschätzung der Klasse kann dies auch durch den Lehrer geschehen, denn der Gruppensprecher muss in der Lage sein, die Arbeitsanweisungen zu verstehen und später seinen Gruppenmitgliedern in der Fremdsprache zu vermitteln.
Die Gruppensprecher der einzelnen Gruppen treffen sich um den Lehrer, der ihnen in der Fremdsprache den Ablauf der Gruppenarbeit mitteilt und ihnen dann das Arbeitsmaterial zum Verteilen überreicht.

You are going to get a picture story for your group consisting of 10 pictures. Before you give each group member two pictures, tell them what they have exactly to do. Well, after handing out the pictures they MUST NOT be shown to any member of the group. In turns everybody describes as exactly as possible what they can see in their pictures. Then together you try to reconstruct the story that is presented in the pictures. Without looking at any picture apart your own pictures try to find out the correct order of the pictures to make the story. After having found out the story everybody should be able to tell to the class.

C 15 Min. Gruppenarbeit – Arbeit am Inhalt

Die Schüler sitzen in Gruppen zusammen, beschreiben ihre Einzelbilder und rekonstruieren nach und nach die *picture story*. Sie versuchen auch zu begründen, warum sie meinen, dass ihr Bild „an der Reihe ist". *I think my picture is the first picture, because … I'm sure my picture comes next, because …*

Wenn sie glauben, die richtige Reihenfolge gefunden zu haben, fasst jedes Gruppenmitglied die Abfolge einmal kurz zusammen. Dann überprüfen sie gemeinsam, ob ihre Vermutungen richtig waren, indem sie nach und nach die einzelnen Bilder auflegen.

D 10 Min. Darbietung der Ergebnisse

Anlage 1: Arbeitsblatt komplett

Nachdem eine Gruppe fertig ist, geht der Gruppensprecher zum Lehrer und erzählt in Kurzfassung den Inhalt. Er erhält danach für jedes einzelne Gruppenmitglied ein Arbeitsblatt mit der kompletten Bildgeschichte. Dies findet so lange statt, bis alle Gruppen ihre Arbeit beendet haben und ein Gruppensprecher das Ergebnis mündlich vorgetragen hat.

E 15 Min. Stillarbeit (*writing a text*)

Jedes einzelne Gruppenmitglied schreibt anhand seines Arbeitsblattes in Einzelarbeit die Bildgeschichte. Sollte keine Zeit mehr zum Schreiben sein, kann dies auch als Hausaufgabe aufgegeben werden.

F 10 Min. Ergänzung: Reflexion der Arbeit

Diese Reflexion kann unterschiedlich gestaltet werden. Wichtig ist, dass auch die Schüler nachvollziehen, warum so gearbeitet wurde und was sie bei dieser Arbeit gelernt haben (z.B. jeder war beim Erreichen des Ziels wichtig und damit verantwortlich, jeder musste mitmachen, damit das Gruppenziel erreicht wurde, jeder musste Englisch sprechen, man hilft sich gegenseitig bei Schwierigkeiten; in der Gruppenarbeit kam es auf den Inhalt an, nicht in erster Linie auf die korrekte Anwendung der Sprache; Spaßfaktor?).

Dies kann z.B. anhand eines kurzen Unterrichtgesprächs erfolgen. In einem nächsten Schritt könnte jeder Schüler für sich zunächst einmal die Frage beantworten, was er beim nächsten Mal, also bei einer ähnlichen Arbeit besser machen könnte. Das kann erst einmal in der Gruppe ausgetauscht werden, ggf. auch später einzeln im Plenum. Diese Frage könnte sich auch jede Gruppe stellen und die Ergebnisse später im Plenum vorstellen.

Eine weitere Möglichkeit besteht darin, dass jede Gruppe die Fragen für sich klärt und notiert a) was ist gut gelaufen, b) was könnte man beim nächsten Mal besser machen.

Kooperatives Erarbeiten von *picture stories* *Anlage 2*

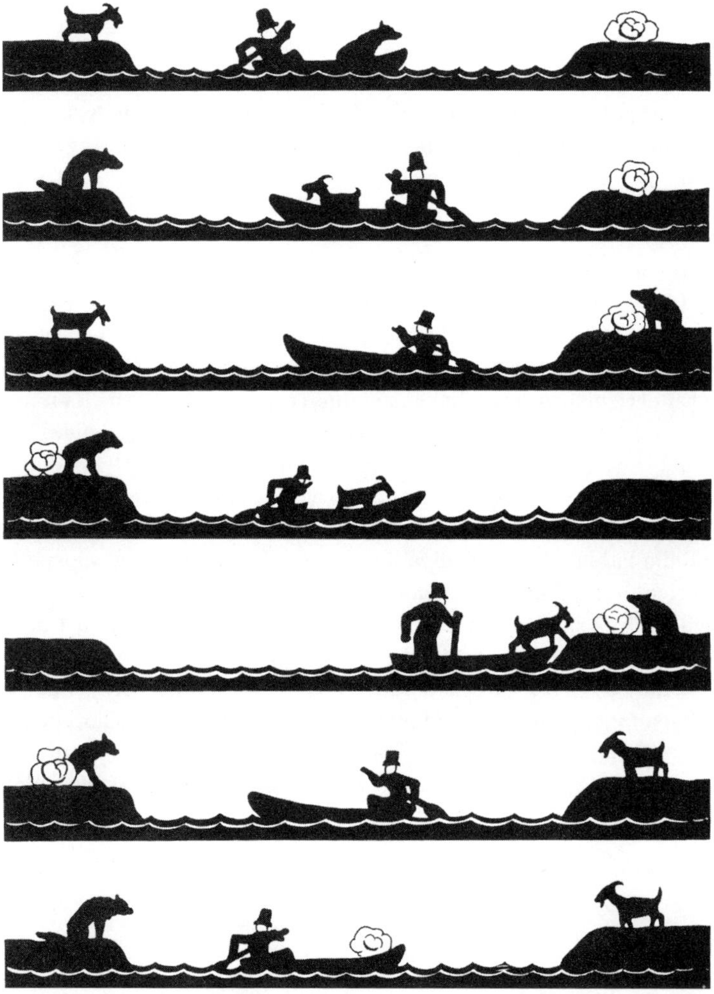

(from Scientific American)

Quelle: Ur, Penny, Discussions that work, Cambridge 1988 (8. Auflage)

Native Americans

Joachim Blombach

3–4 Unterrichtsstunden

Methodenkompetenz: Lesetechniken, Markierungstechniken, Note taking, Editing techniques, Visualisierungstechniken, Summary writing, Fremdevaluation

Kooperatives Lernen: strukturierte Gruppenarbeit

Ein wesentliches Ziel des Fremdsprachenunterrichts ist es, neben der Anbahnung und Übung einzelner Kompetenzen, diese in immer komplexer werdenden Unterrichtssituationen von den Schülern in integrativer Form anwenden zu lassen. Dabei sollte sich der Unterrichtende nach und nach aus der Steuerung des Unterrichtsprozesses herausnehmen und den Schülern einen immer höheren Grad an Selbststeuerung ihrer Lernprozesse zu ermöglichen.
Das folgende Lernarrangement zeigt, wie dies mit einfachen Mitteln umgesetzt werden kann. Voraussetzung für eine erfolgreiche Realisierung sind neben der Beherrschung kommunikativer Kompetenzen vor allem methodische Fertigkeiten und die Fähigkeit, über einen längeren Zeitraum hinweg selbstständig und zielgerichtet in Gruppen zu arbeiten
Der Vorschlag lässt sich auf andere Texte übertragen. Dazu können z. B. Lehrwerktexte genutzt werden, die in drei (oder auch vier) Teiltexte gegliedert werden. Zieht der Lehrer aufgrund der Heterogenität seiner Lerngruppe eher ein nach Leistungsvermögen orientiertes binnendifferenziertes Vorgehen vor und teilt die Gruppen nach leistungsstarken und -schwächeren Schülern ein, bieten die Anlagen 2–4 umfassendere Texte für leistungsstarke, die Anlage 1 drei kürzere Texte für weniger leistungsstarke Schüler.

Ziele

- ***Skimming*** **und** ***intensive reading*** **anwenden**
- **Markierungstechniken und unterschiedlichen Formen des** ***note taking*** **anwenden**
- **Notizen versprachlichen**

- **Visualisierungstechniken im Rahmen einer gruppenteiligen Präsentation anwenden**
- **Gruppenpräsentation nach vorgegebenen Kriterien einschätzen**
- ***Summary* nach vorgegebenen Kriterien schreiben**
- **Unterschiedliche Möglichkeiten der Selbstkorrektur nutzen**

Material

- Anlagen 1–4 jeweils 1 x pro Gruppe
- Anlage 5 je 1 Evaluationszielscheibe
- Plakate in gleicher Anzahl wie vorhandene Gruppen
- Eddings, Klebepunkte (auch mit Filzstiften möglich)

Planungsverlauf

A 10 Min. Einstieg

Anlagen 1–4: Arbeitsblätter (1: kurze Texte zum Auseinanderschneiden, 2–4 längere Texte)

Die Schüler sind nach dem Zufallsprinzip oder gezielt durch den Unterrichtenden in Dreiergruppen aufgeteilt worden. Der Lehrer verteilt die Materialien und Arbeitsaufträge an die Gruppensprecher, die sie (in der Fremdsprache) an ihre Gruppenmitglieder weitergeben. Dabei erhält jeder Schüler einer Gruppe einen Teil des Texts, der jeweils unterschiedliche (Teil-)Informationen über die Geschichte der amerikanischen Ureinwohner beinhaltet. Die Gruppensprecher verteilen die Texte an ihre Gruppenmitglieder und erläutern die Aufgabe. Diese lauten:

Read your text carefully. While reading it a second time highlight the most important information. Then take notes. Make sure that you understand your text because after reading it you have to give your text back to your teacher. Then you can only use the notes that you have taken.

B 15–20 Min. Einzelarbeit: Textarbeit

Jedes Gruppenmitglied liest seinen Text. Idealerweise kennen die Schüler unterschiedliche Formen des Lesens, sodass sie beim ersten Lesen den Text zunächst überfliegen (*skimming*), um sich zu informieren, um was es geht. Beim zweiten Durchgang geht es um Detailverständnis (*intensive reading*), wobei sie hier schon wichtige Informationen mit markieren können. Wichtig in dieser Phase ist, dass die Schüler nicht schon beim ersten Lesen (z.T. aus Bequemlichkeit) mit dem Markieren des Textes beginnen, was häufig zu beobachten ist. Hier sollte ggf. der Unterrichtende noch einmal Hinweise auf korrektes Lesen ins Bewusstsein rufen.
Für das Notieren der Informationen gibt der Lehrer keine Vorgaben, sondern lässt die Schüler frei aus ihrem Methodenrepertoire wählen (z.B. Mindmap; lineare Notizen; ggf. eine Zeitleiste).

Nach ca. 20 Minuten werden alle Texte wieder eingesammelt.

C 20 Min. Gruppenarbeit – Arbeit am Inhalt

In dieser Phase informieren sich die Gruppenmitglieder gegenseitig über die Textinhalte. Dabei trägt das erste Gruppenmitglied die Informationen seines Textes vor. Die anderen Mitglieder hören zu und notieren sich die Informationen, sodass am Ende alle einen identischen Informationsstand haben.
Durch diese Form der Informationsverarbeitung und -weitergabe nach dem Jigsaw-Prinzip hat jedes Gruppenmitglied eine gleich wichtige Funktion und damit eine entsprechend hohe individuelle Verantwortung für das Gelingen der Gruppenarbeit.

D 40 Min Gruppenarbeit – Visualisierung und Präsentation

Material: Poster, Eddings

Im nächsten Schritt soll jede Gruppe den Inhalt des gerade erarbeiteten Textes visualisieren, um ihn in dann später vor der gesamten Klasse zu präsentieren. Dabei entscheiden die Gruppen eigenverantwortlich, in welcher Form sie ihre Ergebnisse später dem Plenum präsentieren werden. Hierbei greifen sie auf die unterschiedlichen Visualisierungsverfahren zurück, die sie im Rahmen des Bausteins Visualisierungstechniken[1] kennengelernt haben, so z.B. Zeitleisten, Mindmaps, Networks, Flussdiagramme usw. Aber auch andere Formen sind möglich – der Kreativität der Schüler sind keine Grenzen gesetzt.

1 Vgl. Realschule Enger, Lernkompetenz II – Bausteine für eigenständiges Lernen Klasse 7–9, S. 66 f.

Gleichzeitig entscheiden sie auch, wie sie ihre Produkte später vorstellen werden (Stafettenpräsentation, Rollenspiele usw.) Auch hierbei greifen sie auf vorab eingeübt Präsentationstechniken zurück.[2]

In dieser Phase ist es wichtig, dass die Gruppen a) bei der Produkterstellung und der Vorbereitung ihrer Präsentation die vorgegebene Zeit im Auge behalten und b) die später vom Plenum zu bewertenden Kriterien ihrer Arbeit vorab kennen. Hier sollte man ggf. noch einmal an die Rolle des *time keeper* erinnern. Um eine gute Präsentation zu bieten, ist es unbedingt notwendig, dass die Schüler ausreichend Zeit zum Üben ihrer Präsentation haben.

E 80 Min. Präsentation und Evaluation

Anlage 5: Evaluationszielscheibe sowie Klebepunkte

Nun erfolgt die Präsentation und Evaluation der Gruppenarbeiten. Dabei wird die präsentierende Gruppe von den anderen Gruppen anhand einer Evaluationszielscheibe bepunktet. Dies geschieht in folgender Weise: Der Lehrer hat für jede Gruppe eine Evaluationszielscheibe mit Namen der Gruppenmitglieder vorbereitet, die er vor der Präsentation an die Wand klebt. Nach der Präsentation klebt jede Gruppe ihre vier Punkte auf je ein Feld der Evaluationszielscheibe, nachdem sich die einzelnen Gruppenmitglieder über die Bewertung geeinigt haben. Auf diese Weise erhält die präsentierende Gruppe von jeder anderen Gruppe zu jedem Kriterienbereich ein entsprechendes visuelles Feedback. Der Lehrer kann sein Feedback durch Klebepunkte ergänzen, ggf. durch eine andere Farbe.

Anmerkung: Die einzelnen Präsentationen sollten nicht alle hintereinander erfolgen, da dies schnell zu Langeweile und Konzentrationsproblemen der Schüler führt. Es macht mehr Sinn, sie über mehrere Unterrichtsstunden zu verteilen, z.B. zu Beginn der Stunde eine oder zwei Präsentationen.

Diese Form des Feedbacks setzt bei den Schülern Erfahrungen mit Verfahren der Selbst- und Fremdeinschätzung voraus.

F Hausaufgaben: Writing a summary

2 Vgl. Realschule Enger, Lernkompetenz II – Bausteine für eigenständiges Lernen Klasse 7–9, S. 122 ff.

Bis zu diesem Zeitpunkt wird der gesamte Arbeitsprozess ausschließlich von den Schülern gesteuert. Auch für den weiteren Verlauf – das Schreiben einer *summary* – ist der Lehrer nur Impulsgeber. Als Hausaufgabe schreibt jeder Schüler eine *summary* der drei Teiltexte. Vorausgesetzt wird an dieser Stelle, dass die Schüler den Skill *summary writing* beherrschen[3] (u.a. zusammenfassender Einleitungssatz, über die Kerneignisse schreiben (wer, was, wann und wo?), das *simple present* verwenden, keine Beispiele und keine indirekte Rede benutzen, eigene Wörter/Sprache).

G 20 Min. Correcting the text

In einer methodisch gut geschulten Klasse kann auch der letzte Schritt, nämlich das *proof reading* in der Hand der Schüler bleiben, vorausgesetzt, sie kennen Methoden der Eigenkorrektur.

Die unterschiedlichen Verfahrensweisen seien kurz angedeutet, da sie in aktuellen Lehrwerken ausführlich behandelt und dargestellt werden.[4]

A) Einzelkorrektur nach einer 4-Schritte-Abfolge:

1. *Check the content* (Hier: sind die Kriterien des *summary writing* eingehalten worden?)
2. *Check the grammar* (besondere Berücksichtigung von *word order and grammar*)
3. *Check the vocabulary* (e.g. *correct propositions with verbs, ... false friends* usw.) and the spelling (mit dem Tipp: den Text von hinten lesen lassen)
4. *Watch out for your favourite mistakes* (Hier geht es um individuelle Fehlerquellen, die z.B. im Fehlerheft regelmäßig notiert worden sind, vgl. S. 25.)

B) Partnerkorrektur

Die Schüler tauschen ihre Texte untereinander und korrigieren den Text ihres Partners nach den o.a. Kriterien (bis auf Schritt 4) und führen auch Korrekturvorschläge an. Der häufig bei der Selbstkorrektur vorhandene „blinde Fleck" wird hierbei vermieden. Nach dem Korrigieren werden die Texte wieder zurückgegeben. Jeder Schüler geht zunächst dabei seine vom Nachbarn angezeigten Fehler durch und versucht sie nachzuvollziehen. Danach besteht die

3 Eine umfassende, schülerorientierte Einführung in das *summary writing* findet sich z.B. in den Englischlehrwerken Englisch G21, B4, S. 67 oder English G 2000, A 5, S.98–99 bzw. English G, B 6 /D6, S.75–78

4 Vgl. u.a. English G 21, B 3/ A3/ D3 erweiterte Ausgabe – U 5 Writing course – Correcting your text; English G 2000, A 6 Correcting and improving written work, S.90–91

Möglichkeit, sich die Fehler bzw. die Korrekturvorschläge gegenseitig zu erläutern. Im Bedarfsfall kann natürlich der Lehrer um Rat gefragt werden.

C) Gruppenkorrektur nach dem Verfahren der *editing assembly line* (s. S. 40)

H 10 Min. ggf. Reflexion

Nach einer so komplexen und umfassenden Arbeit bietet sich eine gemeinsame Reflexion an. Dabei soll es nicht in erster Linie darum gehen, ob den Schülern diese Art des Arbeitens an Texten gefallen hat, sondern es soll vor allem reflektiert werden, welche Kompetenzen angewandt und geübt werden bzw. was sie für sich gelernt haben. Das könnte z. B. dadurch erfolgen, dass jeder Schüler zunächst diese Fragen stichwortartig für sich beantwortet und dann mit seinem Partner austauscht, bevor sich eine kurze Plenumsphase anschließt. Weitere Fragen sind:

- Was habe ich gut gekonnt?
- Womit hatte ich Schwierigkeiten?
- Was könnte ich beim nächsten Mal besser machen?
- Was sollte ich noch intensiver üben bzw. wiederholen?
- In welchem Bereich benötige ich Hilfe?

Aus den Ergebnissen einer solchen Reflexionsphase kann ein individueller Arbeitsplan für die nächsten Wochen entstehen.

Native Americans

Text 1

Indians were the first Americans. They had lived in America for thousands of years when the white men arrived in 1492. The first European settlers came to North America around 1600. The Spanish travelled up from Mexico and stayed in the Southwest in what is now California and Arizona. The French mapped the Great Lakes, and the English settled along the east coast of North America.

In the beginning there were few problems between the English settlers and the Native Americans. The Indians and the whites lived peacefully together for a short time in the 17th century. The Indians were usually friendly and helpful to the newcomers. They showed them how to grow American vegetables like corn, potatoes and tomatoes. They introduced tobacco to the Europeans as well as products like canoes, moccasins and snowshoes, which were unknown to them. But for many whites peace was a sign of weakness. The English settlers were glad for the help they got from the Native Americans, but they did not like them.

Text 2

Until the American War of Independence (1775 – 1785) the settlers stayed east of the Appalachians because most of them were afraid of Indian attacks. But after the 'United States' had become independent of Britain, more and more settlers arrived from Europe. The Americans began to cross the Appalachians and settled further west. They put up fences around their farms, often in the middle of Indian land. Soon conflicts with Native Americans happened more often and became more violent.

In 1787 the American government promised the Indians that Americans would never settle on Indian land and that white settlers could not have land without the Indians' permission, but these promises were broken again and again. When a way to the Pacific coast was found in 1805, thousands of settlers, hunters and farmers from the east moved west from the Appalachians to the Mississippi and forced the Indians who lived there to leave their lands. A lot of Indians were killed by the white men or died of illnesses which the whites had brought with them.

Vor- und Nachbereitung einer Argumentation

Peer Brändel

1–2 Unterrichtsstunden

Methodenkompetenz: Brainstorming, Selbstüberprüfung

Kooperatives Lernen: Placemat activity

Die Schüler haben im vorangegangenen Unterricht den Aufbau einer Argumentation kennengelernt (*Anlage 1*). Ziel dieses Unterrichtsvorhabens ist es, eine Argumentation vorzubereiten (*pre-writing*), zu schreiben und vor dem Hintergrund kriterialer Bewertungsmaßstäbe zu beurteilen (*editing*). Die Vor- und Nachbereitung des Schreibprozesses soll in kooperativen Lernformen erfolgen.

Ziele

- **Rollen im Rahmen einer umfangreichen Gruppenarbeit üben**
- **Pro- und Contra-Argumente austauschen**
- ***Note making* anwenden**
- **Arbeitsergebnisse evaluieren**

Material

- Pro Gruppe ein *Placemat* (DIN-A3-Poster)
- Anlagen 1–3 jeweils Klassensatz

Planungsverlauf

A 10 Min. Themenfindung und Auswahl

Die Schüler suchen zunächst einzeln in Brainstorming nach potenziellen (strittigen) Themen/Fragestellungen (z.B. *Being a vegetarian, school uniforms, mobiles at school, whale hunting …*)
Die Vorschläge werden an der Tafel gesammelt. Im Anschluss stimmen die Schüler darüber ab, welche Themen sie für das Verfassen einer Argumentation am attraktivsten finden. Dabei sollte die Anzahl der Themen auf die Klassengröße angepasst werden (Faustregel 4–5 Schüler pro Thema).

B 20 Min. Arbeitsphase (Placemat)

Pro Gruppe ein *Placemat*

Die Klasse wird in Gruppen eingeteilt. Im Anschluss werden die *Placemats* ausgeteilt (vgl. zur Gestaltung S. 202 ff.). Jede Gruppe bearbeitet ein Thema, das in die Mitte des *Placemat* geschrieben wird. Dabei werden wahlweise Themen verteilt oder die Schüler suchen sich eines der Themen aus. Die Schüler suchen in Einzelarbeit Argumente für (+) und gegen (–) das *Statement* und schreiben diese stichwortartig in „ihr" Feld. Während dieser ca. 5-minütigen Phase sollte nicht gesprochen werden, damit sich die Schüler auf ihre Ideen konzentrieren und nicht durch Mitschüler beeinflusst werden.
Nach Aufforderung des Lehrers stellen sich die Gruppenmitglieder gegenseitig ihre Argumente vor, sortieren und hierarchisieren sie und halten sie in der Mitte des *Placemats* unter dem *Statement* fest.

C 5 Min. Sammlung der Argumente (Plenum)

(Alternative: ca. 25 Min.)

Die Schüler übertragen die gesammelten Argumente in ihre Hefte.

Alternativ überträgt je ein Schüler jeder Gruppe die gesammelten Argumente an die Tafel und die übrigen schreiben diese ab. Im Anschluss wählt jeder Schüler ein oder mehrere Themen für eine Argumentation (z.B. als Hausaufgabe). Dieses Vorgehen hat zum einen den Vorteil, dass die Argumente sprachlich korrekt übernommen werden und zum anderen, dass die Schüler eine Auswahl an Themen (z.B. zur Vorbereitung auf eine Klassenarbeit oder im Rahmen des Förderunterrichts) haben, anhand deren sie die Textsorte *argumentation* üben können.

D 25 Min. Arbeitsphase – Einzelarbeit

Anlage 1: Arbeitsblatt

Die Schüler schreiben in Einzelarbeit mithilfe der Notizen eine Argumentation zu einem der gegebenen Themen nach vorgegebenem Muster (vgl. *Anlage*).

E 8 Min. Editing/Assessing – Partnerarbeit

Anlagen 2 und 3: Arbeitsblatt (Assessment sheet)

Je zwei Schüler arbeiten zusammen. Dazu liest jeder die Argumentation seines Partners und beurteilt diese nach den vorgegebenen Kriterien. Da die sichere Beherrschung der Textsortenmerkmale im Vordergrund steht, beinhaltet der Feedbackbogen die Merkmale einer Argumentation. Jeder Schüler trägt ein, inwieweit der gelesene Text den Ansprüchen einer Argumentation genügt (*Anlage 2*). Je nach Zielsetzung des Lehrers kann der Schwerpunkt stärker auf inhaltlichen Aspekten oder Sprachrichtigkeit liegen (*Anlage 3*).[1]

Alternative: Nachdem die Gruppen die Argumente erarbeitet haben, übertragen sie diese in ihre Mappen. In Einzelarbeit bereiten sie mithilfe der gesammelten Redemittel einen (kontroversen) Kurzvortrag vor. Im Anschluss halten alle Mitglieder einer Gruppe ihren Gruppenmitgliedern ihren Vortrag. Die Gruppe wählt den interessantesten Vortrag aus, der dann im Anschluss der Klasse präsentiert wird.

1 Der Feedbackbogen „General quality of a text" basiert auf den Bewertungsmaßstäben der zentralen Prüfung am Ende der Jahrgangsstufe 10 in Nordrhein-Westfalen.

Argumentative text (pros and cons)

1. **Introduce** the topic (e.g. statement/question).
2. If you are against, then give arguments **for** it first (with examples).
3. Then give arguments **against** it (with examples).
4. Write a **conclusion**. Explain your opinion.
5. Find a suitable **heading**.
6. **Check:**
   - **a)** Did you follow the structure above?
   - **b)** Are the ideas linked clearly?
   - **c)** Is the vocabulary varied?
   - **d)** Did you check grammar and spelling?

Jahrgangsstufe 9

Correspondance – Ecrire une lettre officielle

Vera Löhr

4 Unterrichtsstunden (am besten 2 x 90 min = 2 Doppelstunden)

Kooperatives Lernen: Expertenrunde

Im Rahmen des vorangehenden Unterrichts sind die Schüler mit Form und inhaltlichen (stilistischen) Merkmalen des persönlichen (= privaten) Briefes vertraut gemacht worden. Sie sollten zudem bereits erste Kenntnisse zu Form und Stil offizieller Briefe erworben haben.

Ziele

- **Einen offiziellen Brief schreiben**
- **Notizen zu komplexen Sachverhalten erstellen und nutzen**
- **Arbeitsergebnisse in der Fremdsprache präsentieren**

Material

- Anlage 1 Klassensatz und Folie
- Zweisprachiges Wörterbuch (1–2 pro Gruppe)

Planungsverlauf

Teil I: Erste Doppelstunde

A 10 Min. Einstieg

Nach kurzer Vorstellung der geplanten Unterrichtseinheit ordnen sich die Schüler den fünf zur Auswahl stehenden Themen zu: *Les élèves, Les profs, L'enseignement, L'école* (= *le bâtiment*) und *En plus* (= Besonderheiten, Wissenswertes über die Schule).

B 60 Min. Gruppenarbeit – Arbeit am Inhalt

Die Gruppen sollen sich nicht allzu sehr mit Details beschäftigen, sondern in kurzer und prägnanter Weise wichtige Informationen zusammentragen und in der Fremdsprache formulieren. Ziel ist eine erste Kontaktaufnahme mit einer potenziellen Partnerschule in Frankreich. Bereits das Sammeln und die Übersetzung dieser Informationen in die Fremdsprache ist (je nach Leistungsstand der Lerngruppe mehr oder weniger) schwierig und zeitaufwändig.

C 15 Min. Gruppenarbeit – Sicherung der Arbeitsergebnisse

Die relevanten Informationen werden am Ende dieser Arbeitsphase von jeder Gruppe auf einem kleinen Plakat (in Stichpunkten) schriftlich festgehalten. Jeder Gruppenteilnehmer hat außerdem schriftliche Notizen in der Fremdsprache vorbereitet. Diese ermöglichen es ihm in der folgenden Stunde, den anderen Schülern die Arbeitsergebnisse der eigenen Gruppe zu präsentieren.

Teil II : Zweite Doppelstunde

D 10 Min. Einstieg

Nach einer kurzen Erläuterung des Verfahrens werden die Schüler (welche bis dahin noch in den Stammgruppen zusammensitzen) per Zufall (1, 2, ...) abgezählt. Anschließend treffen sich aus den Gruppen alle 1er, alle 2er usw. in einer neuen Gruppe. In der Gruppe sagt jeder, welches Thema er bearbeitet hat, die Gruppe einigt sich auf eine Reihenfolge.

E 30 Min. Expertengruppe – Arbeit am Inhalt

Jedes Mitglied innerhalb einer Expertengruppe stellt den anderen mithilfe der schriftlichen Notizen die in den vorangegangenen Stunden von seiner „alten“ Gruppe erarbeiteten Informationen vor. Die Zuhörer notieren sich Stichpunkte und stellen ggf. Rück- bzw. Verständnisfragen. Evtl. fehlende „Experten“ springen aus einer anderen Gruppe ein.
Ein vom Lehrer gewähltes Gruppenmitglied erhält den zusätzlichen Auftrag, als *gardien de langue* zu fungieren: Er stellt sicher, dass alle Französisch sprechen.

F 5 Min. Zwischensicherung im Plenum

Es ist sinnvoll, wenn der Lehrer am Ende dieser Phase fragt, ob sich weitere Aspekte bzw. Ergänzungen zu den einzelnen Bereichen durch die neue Gruppenzusammensetzung ergeben haben. An dieser Stelle können auch offene Vokabel- bzw. Formulierungsfragen geklärt werden.

G 30–40 Min. Expertengruppe – Schreiben des *lettre officielle*

Die Schüler bleiben in der bestehenden Gruppenkonstellation[1] und erarbeiten anhand aller nun vorliegenden Notizen den Brief. Sie können zusätzlich die vorliegenden Aufzeichnungen zu Form und Stil von offiziellen Briefen benutzen (*Anlage 1* kann ggf. auch zusätzlich auf einem OHP visualisiert und noch einmal im Plenum besprochen werden).
Alle Mitglieder der Gruppe formulieren und schreiben mit. Die Gruppen, in denen ein Experte fehlt, können zur Erleichterung das entsprechende, zu diesem Zweck erstellte Plakat an ihren Tisch holen.

H Präsentation

Je nach Zeit ergeben sich unterschiedliche mögliche Vorgehensweisen:

a) Die Briefe werden von den Gruppen im Plenum vorgestellt, besprochen und verglichen. Ggf. kann eine Auswahl erfolgen.
b) Sollte nicht mehr ausreichend Zeit zur Verfügung stehen, kann die Stunde auch mit der Fertigstellung der Briefe enden. Eine Vorstellung im Plenum würde somit in der nächsten Unterrichtsstunde erfolgen.

1 Eigentlich steht an dieser Stelle ein Zurückgehen in die „Stammgruppen“. Aufgrund des angestrebten Zieles und der zusätzlichen „Hürde Fremdsprache“ erscheint die stattdessen getroffene Entscheidung hier sinnvoller.

Correspondence – Ecrire une lettre officielle *Anlage 1*

Nom
Adresse

Date

Nom + adresse de l'établissement

Monsieur
Madame
Messieurs, Dames,

!! Faut commencer avec une majuscule !!

Attention:

- forme/personne: Vous
- donner le sujet principal ainsi que des informations (plus ou moins) détaillées
- style: très clair et poli

Dans l'attente de votre réponse je vous prie/nous vous prions, madame/monsieur,

- de croire en mes/nos sentiments respectueux.
- d'agréer mes/nos salutations distinguées.

Date et signature

Transport in Australia

Joachim Blombach

1–2 Unterrichtsstunden

Methodenkompetenz: Lesetechniken, Note taking, Mindmapping, Summary writing

Kooperatives Lernen: Doppelstuhlkreis

Textarbeit kann durch Schüler in einem hohen Grad selbstständig durchgeführt werden. Ausgangspunkt ist dabei der dem Jigsaw-Prinzip zugrundeliegende Gedanke, dass Menschen dann in mitteilungsbezogener Form miteinander kommunizieren, wenn jeder von einer Gesamtinformation nur Teilbereiche besitzt und nur durch einen kommunikativen Austausch die ihm fehlenden Informationen erhalten kann. Das Ziel kann nur dann erreicht werden, wenn jeder Schüler seinen Teil dazu beiträgt. Gleichzeitig muss sichergestellt werden, dass am Ende sowohl leistungsstärkere und leistungsschwächere Schüler von dem wechselnden Austausch profitieren.
Dazu bietet sich die Nutzung eines Doppelstuhlkreises an. Der damit verbundene organisatorische Aufwand im Klassenraum lässt sich nur dann rechtfertigen, wenn ein großer Teil der Unterrichtszeit in dieser Sozialform gearbeitet und dieser in unterschiedlichen Phasen mit wechselnden Arbeitspartnern genutzt wird. Ansonsten sind für kürzere Phasen der Partnerarbeit einfacher zu organisierende kooperative Lernformen wie z.B. das *Appointment* sinnvoller.

Ziele

- **Textinhalt mithilfe der Lesestile *skimming* und *intensive reading* erfassen**
- **Markierungstechniken und unterschiedliche Formen des *Note taking* anwenden**
- **Textinformationen mithilfe von *notes* weitergeben**
- **Notizen zu einem gehörten Text machen**
- **Textinformationen mithilfe einer Mindmap weitergeben**
- **Eine mündliche *summary* auf Basis von Notizen/Mindmaps geben**

- **Mindmapping als Ordnungs-, Strukturierungs- und Vortragstechnik anwenden**
- **In kooperativen Lernformen (Doppelstuhlkreis) arbeiten**

Material

- Anlage 1 halber Klassensatz

Planungsverlauf

A 5 Min. Einstieg

Der Lehrer erläutert die Aufgabenstellung und das Ziel der Stunde, nämlich aus zwei unterschiedlichen Teiltexten einen gemeinsamen Text zum Thema *Transport in Australia* weitgehend selbstständig zu erarbeiten. Als Hinführung zum Thema bietet sich ein kurzes Brainstorming an.

B 15 Min. Einzelarbeit: Texterarbeitung

Anlage 1: Arbeitsblatt (zerteilt in Text 1 und 2)

Der Lehrer teilt die Klasse in Partnergruppen auf. Schüler A erhält Text 1, sein Tischnachbar Text 2. Zugleich teilt er ihnen ihre Aufgabe mit, nämlich den entsprechenden Text zu lesen, zu markieren und sich Notizen in Form einer Mindmap zu machen. (Natürlich können Schüler auch andere Notationsformen nutzen.) Wichtig ist noch einmal der Verweis, dass jeder zunächst einmal nur liest, um den Text zu erfassen, ohne dabei gleichzeitig schon zu markieren. Zudem sollte der Lehrer darauf hinweisen, dass die Schüler den Text am Ende dieser Phase wieder abgeben müssen, was das Textverstehen und vor allem das Notieren des Inhaltes für die spätere Weiterarbeit besonders bedeutsam werden lässt.

Read your text carefully. While reading it a second time highlight the most important information. Then take notes. Make sure that you understand your text because after reading it you have to give your text back to your teacher. Then you can only use the notes that you have taken.

C 10 Min. Doppelstuhlkreis: Austausch 1

Die Klasse richtet einen Doppelstuhlkreis ein. Die Tischnachbarn sitzen sich gegenüber. Dann beginnen alle Schüler A die Informationen ihres Textes (Text 1) an ihren Partner (alle Schüler B) weiterzugeben. Diese wiederum hören zu und notieren die wichtigsten Informationen. Natürlich haben sie die Möglichkeit, bei Unklarheiten nachzufragen, wobei der Lehrer vorab solche Sprachmittel mit der Klasse reaktiviert, die für die Thematik sinnvoll sind.

D 10 Min. Doppelstuhlkreis: Wechsel und Austausch 2

Der inhaltliche Ablauf ist wie in der Phase zuvor, nur mit einem Rollenwechsel. Nun geben alle Partner B ihre Informationen an den ihnen gegenübersitzenden neuen Partner A weiter.

E 10 Min. 1. Evaluation im Doppelstuhlkreis

Nachdem nun beide Texte ausgetauscht wurden und somit alle Schüler über alle Informationen der beiden Texte verfügen, geht es darum sicherzustellen, dass auch wirklich die korrekten Informationen zuvor vermittelt und verstanden worden sind. Deshalb präsentieren alle Partner A die zuvor von ihrem Partner B erhaltenen und notierten Informationen von Text 2 einem (neuen) Partner B. Da alle Partner am Anfang in Ruhe ihre Texte lesen und bearbeiten konnten, sind sie sozusagen Experten dieses Textteils. Sie hören sich das von A Vorgetragene an und korrigieren und ergänzen fehlende Informationen. Ggf. korrigiert und/oder ergänzt A seine Notizen.

Dann erfolgt der gleiche Ablauf, nur dieses Mal umgekehrt. B berichtet A.

F 15 Min. 2. Evaluation im Plenum

Um sicherzustellen, dass am Ende auch wirklich alle Schüler alle wichtigen Informationen beider Texte für die spätere Weiterarbeit haben, wird eine weitere Sicherung an dieser Stelle „eingebaut". Nach Nennung einer Zahl zählt der Lehrer alle A-Schüler ab; der dann zufällig genannte Schüler muss vor dem Plenum seine Notizen von Text 2 vortragen. Alle Schüler der Gruppe B (Experten) hören zu und korrigieren, wenn nötig. Ebenso vergleichen alle Schüler Gruppe der A ihre Aufzeichnung, korrigieren und ergänzen gegebenenfalls. Dann erfolgt der gleiche Vorgang umgekehrt. Dieses Mal trägt ein Schüler der Gruppe B vor.

G 10 Min. Einzelarbeit/Hausaufgaben

Als Hausaufgabe oder als Stillarbeit erstellen die Schüler eine *summary* der beiden Texte auf Grundlage ihrer Notizen bzw. Mindmaps. Vorausgesetzt wird an dieser Stelle, dass die Schüler den Skill *summary writing* beherrschen (u. a. zusammen fassender Einleitungssatz, über die Kerneignisse schreiben (wer, was, wann und wo?), das *simple present* verwenden, keine Beispiele und keine indirekte Rede benutzen, eigene Wörter/Sprache).[1]
Neben einer inhaltlichen Weiterarbeit und Vertiefung bieten sich als Weiterführung dieses Lernarrangements *correcting the text* und Reflexion an.

Anmerkung: Diese Form einer schülerorientierten Textarbeit lässt sich auf viele Texte – sowohl non-fiktionale als auch fiktionale Texte – übertragen. Dabei können z.B. zwei thematisch zusammengehörige Texte genutzt werden – z.B. Texte über *people, places* usw. Wenn eine Zusammenfassung beider Texte nicht möglich ist (z.B. Beschreibung zweier Städte), lässt man eben nur den Text einer Stadt zusammenfassen. Es lassen sich aber auch auf diese Weise fiktionale Texte, z.B. Lehrwerktexte, erarbeiten, z.B. Schüler A Teil 1, Schüler B Teil 2, was einen anderen, ungewöhnlichen Zugang ermöglicht. Der Kreativität der Lehrer ist hier keine Grenze gesetzt.

1 Weitere Infos zum *summary writing* s. Fußnote 3, S. 124 (Native Americans)

Transport in Australia

Text 1

Planes and helicopters are very important in Australia because the distances between towns and villages can be huge, especially in the outback. There are airfields in almost every town. Planes and helicopters are used to round up cattle, to give medical help and even to go shopping.

The Australian railway system is badly developed. It mainly connects the big cities in the south and southeast where most of the Australians live. The most famous railway line is over 4,000 km long and runs from Perth to Sydney. This line is world-famous as it has got the longest straight railway track in the world, which is 498 km without any bend. The 4,000 km journey from coast to coast takes about 65 hours on the famous "Indian Pacific".

Most Australians go everywhere by car and most things are transported by road, too. People don't mind driving 400 or 500 km just to go to a party or to see a friend.

Text 2

The road system in Australia is about 20 times longer than the rail network. To get products or animals from the large cities to smaller towns Australians use so-called road trains. Road trains are huge trucks that can be 50 to 60 metres long with up to 80 wheels. The biggest road trains can carry about 250 cows.

Two drivers need 5 days without stop for the 7,000 km journey from Brisbane to Darwin. They also need 1,800 litres of diesel, about 120 litres of fresh water, 60 litres of motor oil and four extra wheels.

Riding road trains is hard work. The heat in the cabins can be up to 50 degrees Celsius. Drivng a road train also means being alone with the country most of the time. The roads can be full of holes. A puncture can lead to terrible accidents, so checking the wheels every few hours is extremely important.

Crime and punishment

Peer Brändel

1 Unterrichtsstunde

Methodenkompetenz: Note making

Kooperative Lernform: Galeriegang

Anhand eines Galeriegangs setzen sich Schüler mit verschiedenen Aspekten zum Thema *crimes* auseinander. Dazu diskutieren sie verschiedene *statements* und kommentieren diese.
Die verschiedenen Kommentare zu gleichen *statements* können als Grundlage für weitere Gesprächsanlässe genutzt werden.

Ziele

- **Sich mit unterschiedlichen Aspekten eines Themas auseinandersetzen**
- ***Note making* anwenden**
- **Monologisches Sprechen und Präsentieren üben**

Material

- 6 Poster mit *statements* (auf DIN-A3-Bögen)
- 6 Eddings

Planungsverlauf

A **5 Min.** **Einstieg**

6 Poster
6 Eddings

Die Poster werden der Anzahl der teilnehmenden Gruppen entsprechend im Raum verteilt aufgehängt. Bei fünf *statements* und einer Klasse mit 30 Schülern werden fünf Gruppen mit je sechs Schülern gebildet. Dazu die Schüler bis sechs durchzählen, sodass jeder eine Zahl erhält. Alle Schüler mit der gleichen Zahl bilden eine Gruppe. Diese Zahl ist identisch mit der Nummer des Posters. Auf jedem Bogen steht eine Frage, die einen anderen Aspekt von *crimes* (siehe Materialblatt) behandelt.

B 20 Min. Arbeitsphase

Jede Gruppe steht vor „ihrem" Bogen und erhält einige Minuten Zeit, sich zum jeweiligen Impuls auf Englisch auszutauschen mit dem Ziel, eine kurze Antwort, einen Gedanken, eine Bildunterschrift usw. mit Begründung zu finden und mit einem Eddingstift auf dem Poster zu notieren.
Auf ein Zeichen des Lehrers wechselt jede Gruppe (Richtung vorgeben, z. B. im Uhrzeigersinn!) zum nächsten Poster, diskutiert den darauf befindlichen Impuls unter Einbeziehung der von den Vorgruppen notierten Ideen und schreibt einen Kommentar unter das bereits Notierte.
Es wird solange rotiert, bis jede Gruppe wieder an „ihrem" Ausgangsposter angelangt ist. Die Gruppenmitglieder beziehen die ergänzenden Ideen in ihre Ursprungsdiskussion mit ein.

C 3 Min. Sammelphase

Der Lehrer fordert die Schüler auf, die notierten Äußerungen zum ursprünglichen *statement* zu sichten und zu ordnen. Jeder Schüler soll in der Lage sein, die Kommentare auf dem Poster im Plenum zu präsentieren, wobei die einzelnen Aussagen nicht vorgelesen, sondern Kernaussagen zusammengefasst vorgetragen werden sollen.

D 10 Min. Präsentationsphase

Pro Poster wird nach Zufallsprinzip ein Schüler bestimmt, die Ergebnisse des Posters vorzustellen. Als Auswahlmethoden bieten sich hier *Numbered-Heads-Together* oder *Democratic vote* an.

Statement 5

Young people who have committed a crime should be sent to boot camps. Here they learn discipline and how to behave. If you punish them hard, they will never commit a crime again.

Reported speech – I told you ... jokes

Kai Heidkamp

1 Unterrichtsstunde

Kooperatives Lernen: Placemat activity, Numbered-Heads-Together

Der dunkel gefärbte angelsächsische Humor ist nicht nur aus kultureller und landeskundlicher Sicht ein interessantes Thema. Die Lernmotivation erhöht sich besonders, wenn die lernbegleitenden Bewusstseinsprozesse positiv gestimmt sind. Musik und Humor bieten sich dafür besonders an, sind aber oft nur schwer in den Unterricht einzubauen, besonders dann, wenn es z.B. um Grammatik geht. Dieser Vorschlag versucht, die Schere zwischen Lernmotivation und Grammatik zu schließen und produziert vielleicht genau den Satz, den Schüler brauchen, um sich das Konzept von *reported speech* endgültig zu merken. Sie eignet sich gut am Ende einer Reihe oder auch zur Wiederholung von *reported speech*.

Ziele

- ***Reported speech* in einer konkreten Alltagssituation (*telling a joke*) anwenden**
- **Rollen und Gesprächsregeln (zuhören!) üben und einhalten**
- **Gruppenergebnisse anhand von Stichwörtern präsentieren (monologisches Sprechen)**

Material

- Placemats in ausreichender Zahl

Planungsverlauf

A 10 Min. Einstieg

Nach kurzer Wiederholung des *reported speech* zeichnet die Lehrkraft einen leeren Grabstein an die Tafel. Es kann nun gefragt werden, was normalerweise auf einem Grabstein steht. Danach wird der Grabstein mit der Inschrift *I told you I was sick* vervollständigt. Es kann nun darüber diskutiert werden, wer die Inschrift für wen, aus welchem Grund usw. hat anbringen lassen. Die Schüler sollen dann ihre Ergebnisse in Form eines kurzen Witzes wiedergeben (z.B. *Husband is standing in front of his wife's gravestone/tombstone. On the gravestone/tombstone it says "I told you I was sick!"*) Die Schüler werden am Ende der Diskussion darüber informiert, dass dies ein Witz aus der langen Tradition der *I told you* ... Jokes ist (die natürlich *reported speech* verwenden).

B 20 Min. Placemat

Material: *Placemat*

Die Klasse wird in Vierergruppen eingeteilt. Jede Gruppe erhält eine *Placemat*. Die Schüler werden nun aufgefordert, sich selbst drei Situationen zu überlegen, die eine *I told you ...-punch line* haben. Dabei ist es hilfreich, sich die Situation bildlich, wie eine Karikatur, vorzustellen. Die Schüler müssen später in der Lage sein, die Situation ihren Mitschülern zu schildern z.B. *A dog is in its garden. A leg is sticking out of its fangs. A letter is laying next to it. Two people are watching the dog. One says to the other: "I told you that he liked the mailman".*

In der ersten Phase tragen die Schüler nur die Punchline ihrer Idee in ihr Feld der *Placemat* ein. Dabei darf nicht gesprochen werden. Natürlich muss *reported speech* korrekt angewendet werden.

Dann werden die Ideen der Reihe nach vorgestellt. Ein Gesprächsleiter, ausgewählt nach dem Zufallsprinzip (der Älteste, der Größte, der schlechteste Fußballer ...), sorgt dafür, dass jeder ausreden kann. Rückfragen der Zuhörer sind erlaubt, aber noch keine Bewertung.

In der anschließenden Diskussion soll jeder kurz begründen, welche Idee er für die beste hält. Die beiden Besten werden in die Mitte der *Placemat* geschrieben.

C 10 Min. Vortrag: Numbered-Heads-Together

Poster

Am Ende gibt sich jeder in der Gruppe eine Nummer entsprechend der Anzahl der Gruppenmitglieder (also in diesem Fall die Nummern 1–4). Die Lehrkraft benennt nun eine Gruppe und eine Nummer. Der betroffene Schüler stellt die beiden gewählten Situationen der Klasse vor. So ist gewährleistet, dass jeder in der Gruppe sich am Lernprozess beteiligt und das Ergebnis verstanden hat, da jeder damit rechnen muss, dass Ergebnis zu präsentieren. Am Ende kann sich die Klasse auf den besten Witz einigen.

Eine Variante je nach Zeit und Talent der Klasse wäre es, die Gruppen ihre Ergebnisse als Cartoon bzw. Karikatur darstellen und aufhängen zu lassen. Diese werden dann von dem gewählten Gruppenmitglied vorgestellt.

D 10 Min. Ergebnissicherung im Plenum

Die Hausaufgabe lautet, dass die Schüler einen Cartoon bzw. eine Karikatur zu dem Gewinner zeichnen. Dadurch zeigen die Schüler, dass sie den sprachlichen Ausführungen der Gruppe gefolgt sind und diese auch verstanden haben.
Anmerkung: Es ist natürlich immer möglich, die Gruppengröße zu variieren. Dazu kann man statt einer *Placemat* einen Kreis zeichnen mit einem Innenkreis. Der Kreis kann dann in beliebig viele Teile geteilt werden. Der Innenkreis dient zum Sammeln der Ergebnisse.

Child labour

Joachim Blombach

2 Unterrichtsstunden

Methodenkompetenz: Lesetechniken, Note taking

Kooperatives Lernen: Marktplatz, strukturierte Gruppenarbeit

Diese Aktivität ist inhaltlich im Kontext des Themas *World of Work* zu sehen. Die Schüler lernen die Schicksale einzelner Kinder weltweit kennen, die Kinderarbeit unter unterschiedlichen Bedingungen leisten müssen. Bei der Erarbeitung des Themas nutzen die Schüler unterschiedliche kommunikative, methodische und soziale Kompetenzen, um das komplexe Lernarrangement umzusetzen. Die Arbeit in dieser Form setzt einen hohen Grad an Selbstständigkeit und die Kenntnis der unterschiedlichen Kompetenzen voraus. Der Unterrichtende kann den Schwierigkeitsgrad steuern, indem er z.B. statt zehn mögliche unterschiedliche Karten die Anzahl entsprechend reduziert.

Ziele

- ***Skimming* und *intensive reading* anwenden**
- **Notizen machen aufgrund von gelesenen und gehörten Texten (*Note taking*)**
- **Notizen versprachlichen**
- **Rollen im Rahmen einer umfangreichen Gruppenarbeit üben**

Material

- Anlage 1 variiert nach Anzahl der Schüler (= 10 *information cards* auf dem Arbeitsblatt – eine pro Schüler)
- Anlage 2 Klassensatz

Planungsverlauf

A 5 Min. Einstieg

Der Lehrer führt inhaltlich zum Thema *child labour* hin bzw. knüpft an schon Bekanntem an.
Dann erläutert er das Vorhaben und die Bedeutung konzentrierten Arbeitens sowohl in der Einzelarbeit, dem späteren Marktplatz und der Gruppenarbeit. In Vorbereitung auf die nächste Arbeitsphase hat der Lehrer das Arbeitsblatt in die kurzen separaten Texte geschnitten.

B 15 Min. Einzelarbeit – *reading/note taking*

Anlage 1: Arbeitsblatt (information cards)
Anlage 2: Auswertungsbogen

Jeder Schüler erhält einen Text zum Thema *child labour*. Der Lehrer weist auf die Bedeutung eines konzentrierten Lesens und späteren Markierens hin, da nach dieser Phase alle Schüler ihre Texte wieder abgeben müssen und für die Weiterarbeit nur ihre eigenen Notizen nutzen können. Dieser wichtige Hinweis führt in der Regel zu einem intensiveren und konzentrierten Arbeiten.

In Einzelarbeit liest jeder Schüler seinen Text im Sinne eines *skimming*. Dabei ist es wichtig, noch einmal darauf zu verweisen, dass bei diesem ersten Schritt noch auf keinen Fall markiert werden soll. Erst beim zweiten Lesen (*intensive reading*) sollen sie die wesentlichen Informationen markieren. Zwischenzeitlich teilt der Lehrer den Auswertungsbogen (*Anlage 2*) aus, auf dem jeder Schüler die Informationen seines Textes in die jeweilige Rubrik einträgt.

Dann sammelt der Lehrer die Texte der Schüler wieder ein.

C 20 Min. Marktplatz – Austausch von Informationen

In Form der kooperativen Lernform „Marktplatz“ tauschen sich die Schüler in der Klasse über ihre jeweiligen „Protagonisten“ aus. Dazu gehen sie in der Klasse umher und suchen einen Mitschüler, der einen anderen als den eigenen Text bearbeitet hat. (*Excuse me, I've got information about …, and I still need information about … Can you help me?*) Die beiden Schüler tauschen sich nun in der Fremdsprache aus. Während Schüler A zunächst seine Informationen, die er auf seinem Auswertungsbogen geschrieben hat, an B mündlich weitergibt, notiert B diese Infos auf seinem Auswertungsbogen. Dann wird das Ganze umgekehrt durchgeführt, sodass am Ende des Kommunikationsprozesses jeder die Info über eine ihm bis dahin unbekannte Person hat. Danach suchen sich Schüler A und B neue Mitschüler (C+D), die möglichst andere *info cards* bearbeitet haben. A und C bzw. B und D tauschen sich in derselben Weise wie vorher aus. Dann gehen alle wieder auf die Suche nach einem weiteren Mitschüler, der einem noch fehlende Informationen geben kann bzw. der noch fehlende Informationen sucht. Diese Form der Informationsgewinnung bzw. -weitergabe wird von allen in der Klasse in derselben Form praktiziert.

Wichtig: Als Lehrer ist unbedingt darauf zu achten, dass sich die Schüler in Partnergruppen und nicht schon in Kleingruppen zusammenstellen, wozu sie in solchen Phasen gern neigen.

In dieser Phase geht es nicht darum, möglichst alle fehlenden Informationen zu erhalten – was in Hinblick auf die nur begrenzt zur Verfügung stehende Zeit auch nicht möglich ist. Ziel ist, dass auch lernlangsamere oder schwächere Schüler ohne Zeitdruck ihren Fähigkeiten entsprechend arbeiten können.

D 20 Min. Gruppenarbeit – Ergebnissicherung

Nach 20 Minuten fordert der Lehrer die Schüler auf, sich in 5er-Gruppen zusammenzusetzen. Die Gruppeneinteilung erfolgt nach dem Zufallsprinzip (z. B. durch Abzählen).
Innerhalb der Gruppe sollen sich die Gruppenmitglieder gegenseitig unterstützen, um die jeweils fehlenden Informationsfelder zu ergänzen bzw. die eigenen Informationen auf ihre Korrektheit zu überprüfen. Dazu nennt reihum jeder die Rubriken, die ihm noch fehlen (z. B. *I haven't any information about Ranjeet. Can someone help?*). Alle, die die Informationen bisher nicht hatten, ergänzen sie auf ihrem Auswertungsbogen oder überprüfen ihre Informationen auf ihre Richtigkeit. Auf diese Weise vervollständigt die Gruppe gemeinsam den Auswertungsbogen.

Anmerkung: Die Chance, dass einige Rubriken nicht ausgefüllt werden, ist recht gering, da bei fünf Gruppenmitgliedern die Möglichkeit sehr groß ist, dass zumindest einer in der vorhergehenden Phase die Informationen erhalten hat. Sollte das nicht der Fall sein, besteht die Möglichkeit, einen kurzen Informationsaustausch im Plenum durchzuführen.

E 10 Min. ggf. Plenumsarbeit

Lehrer: *Are there any groups that are still missing the information of any of the child workers?* – Sollte sich eine Gruppe diesbezüglich melden, bittet der Unterrichtende jemanden aus den anderen Gruppen oder einen „Experten" – nämlich denjenigen, der den entsprechenden Text am Anfang bearbeitet hatte – die Infos zu geben.
Damit ist sichergestellt, dass am Ende dieser Phase alle über den gleichen Wissensstand verfügen.

F 15 Min. Gruppenarbeit – Diskussion

Imagine you work in an organisation that is able to save three children. Who would you choose? Give reasons for your choice.
Make sure that everybody in your group is able to present the group result to the class.

Innerhalb der Gruppe muss nun diskutiert werden, auf welche drei Kinder sich die Gruppenmitglieder einigen sollen. Wichtig dabei ist, dass sie Gründe für ihre Wahl benennen müssen und diese auch ggf. notieren. Der zweite Hinweis, dass jedes Gruppenmitglied in der Lage sein soll, das Ergebnis zu präsentieren, dient mehreren Zwecken. Zum einen soll damit gewährleistet werden, dass jeder bei der Gruppenarbeit aktiv ist (denn es kann ja jeden „treffen"). Zum anderen soll damit auch das Verantwortungsgefühl des Einzelnen für die Gruppe geweckt und gefördert werden, wie es eines der Basiselemente des kooperativen Lernens auch darstellt.

G 10 Min. Präsentation im Plenum

Die einzelnen Gruppen stellen nun ihre Ergebnisse nach und nach der gesamten Klasse vor. Die Auswahl des Präsentators erfolgt dabei nach dem Zufallsprinzip (z.B. *Numbered heads*). Alle anderen Gruppen notieren, welche drei Kinder aus welchen Gründen jeweils benannt werden, sodass am Ende ein Klassenergebnis erkennbar wird.

Anmerkung: In der Praxis hat sich gezeigt, dass die Aufmerksamkeit von zuhörenden Schülern bei Präsentationen von Ergebnissen ihrer Mitschüler nur äußerst gering ist und sie deshalb häufig nichts am Ende behalten haben. Hilfreich ist es deshalb, dass bei solchen Präsentationen grundsätzlich eine Aufgabe gestellt wird, die konzentriertes Zuhören aller zwingend notwendig macht.

H 5 Min. Zusammenfassung im Plenum

In einem gemeinsamen Gespräch wird am Ende der Stunde zusammengefasst, welche drei *child labours* von der Klasse aus welchen Gründen ausgewählt würden.

I Hausaufgabe

Als Hausaufgabe schreiben die Schüler einen Text über die drei von der Klasse ausgewählten *child labours* mit den entsprechenden Begründungen.

J 10 Min. Ergänzung: Reflexion

Am Ende einer solchen komplexen Aufgabenstellung, in der unterschiedlichste Kompetenzen von den Schüler gefordert und gefördert wurden, bietet sich eine gemeinsame Reflexion an (vgl. S. 118).

Child labour – Notes

1 Moti Charan
Age: ______
Job: ______
Reason: ______
______
Working conditions: ______
______
Lives in: ______

2 Ashique
Age: ______
Lives in: ______
Job: ______
Reason: ______
Working conditions: ______
______
Pay: ______

3 Pattinathar
Age: ______
Started job: ______
Job: ______
Reason: ______
Working conditions: ______
______
Pay: ______

4 Jitty Tumrin
Age: ______
Job: ______
Reason: ______
Working conditions: ______
______
Holidays: ______
Pay: ______

5 Sophia
Date of birth: ______
Started working: ______
First job: ______
______
Working conditions: ______
______
Later: ______

6 Easwaris
Age: ______
Started working: ______
Worked: ______
Working conditions: ______
______
Pay: ______
Accident: ______

7 Sonsingh
Age: ______
Started working: ______
Job: ______
Reason: ______
Working conditions: ______
Pay: ______
Master: ______

8 Rosie Baroquillo
Age: ______
Started working: ______
Job: ______
Reason: ______
Working conditions: ______
______
Pay: ______

9 Ranjeet
Age: ______
Started working: ______
Job: ______
Working conditions ______
______
Pay: ______
Rescued: ______

10 Elizabeth Bentley
Date of birth: ______
Started working: ______
______
Working conditions: ______
______
Pay: ______
Lived in: ______

Provocative statements

Peer Brändel

ca. 30 Minuten

Kooperatives Lernen: Whole class activity

Kommunikation: monologisches und dialogisches Sprechen

Mithilfe erarbeiteter Redemittel werden Schüler angeregt, provozierende *statements* zu kommentieren und darüber miteinander ins Gespräch zu kommen. Klassen, die mit dem Einsatz von kooperativen Lernformen vertraut sind, können dies selbstständig durchführen. Für ungeübte Gruppen bietet sich die Durchführung im Sitzkreis an (Gruppe nicht größer als 15 Schüler).

Ziele

- **Redemittel zur Äußerung der eigenen Meinung (Zustimmung, Ablehnung, Erklärung) erarbeiten**
- **Monologisches Sprechen (Stellungnehmen) in der Gruppe üben**
- **Dialogisches Sprechen (Bezugnehmen auf Mitschüler) üben**

Material

■ Anlage 1	Klassensatz
■ Folie	Leeres Tabellenraster von Anlage 1
■ Anlage 2	Lösungsblatt für Lehrer
■ Anlage 3	Klassensatz
■ Folienstift	

Planungsverlauf

A 8 Min. Vorbereitung (Erarbeitung von Redemitteln)

Folie und *Anlage 1: Arbeitsblatt*

Der Lehrer präsentiert die leere Tabelle (Folie) und lässt die Schüler Redemittel zu den ausgewiesenen Kategorien (*Expressing your opinion – Agreeing (thinking the same) – Explaining/giving reason – Disagreeing (not thinking the same)* rekapitulieren und auf der Folie festhalten. Alternativ können die Schüler dies in Form einer Murmelphase oder eines Partnerchecks selbst erarbeiten. Im Anschluss übertragen die Schüler die gesammelten Redemittel auf das Arbeitsblatt.

B 20 Min. Arbeitsphase (*discussion*)

Anlage 3: Arbeitsblatt

Alle sitzen im Sitzkreis. Ein Schüler liest ein *provocative statement* vor. Die Mitschüler nehmen zunächst unter Verwendung der vorliegenden Redemittel Stellung dazu. Je nach sprachlichem Vermögen beziehen die Schüler sich auch auf Äußerungen ihrer Mitschüler. Alternativ können die Schüler auf die zusätzlichen Redemittel des Arbeitsblattes zurückgreifen. Der Lehrer hat in dieser Phase eine moderierende Funktion.
Im Anschluss formulieren die Schüler selbst *provocative statements* und stellen sie zur Diskussion. Dabei sollte darauf hingewiesen werden, dass diskriminierende oder verletzende Äußerungen nicht erlaubt sind.

Provocative statements *Anlage 1*

What's your statement?

➪ Use different phrases to express your opinion. Give reasons.

Expressing your opinion	**Agreeing (thinking the same)**	**Explaining/ Giving reasons**	**Disagreeing (not thinking the same)**

- Girls can do housework better than boys.
- Football is the most interesting sport.
- If you want to have babies, you must marry your partner.
- Homework is necessary but often boring.
- It's better to be happy than to be rich.
- Teachers are interested in their students.
- English is the most important subject at school.
- Berlin is the capital of Germany.
- Doctors get too much money.
- FC St. Pauli plays the most attractive football in Germany.
- For girls it's easier to find a partner than for boys.
- Life in the last century was easier than today.
- The best country for a holiday is Spain.
- ______________________________

World of work

Marion Holwas

2 Unterrichtsstunden

Kooperatives Lernen: Marktplatz, Gruppenpuzzle

Diese kurze Einheit sollte ganz am Anfang einer Reihe zum Thema *world of work* stehen. Die Schüler bekommen in den zwei Stunden die Möglichkeit, sich das entsprechende Vokabular zum Wortfeld *jobs* selbstständig zu erarbeiten und anzuwenden.

Ziele

- **Den Wortschatz um das Wortfeld „Berufe" erweitern**
- **Kleine Interviewsituationen üben**
- **Relativsätze zur Beschreibung verschiedener Berufsbilder anwenden**

Material

- Anlage 1, 2 Folien
- Anlage 3 Klassensatz
- Anlage 4 pro Schüler 1 Beruf
- Anlage 5 je einen Hausaufgabenzettel pro Schüler
- 5 Postkarten für ein Gruppenpuzzle (à jeweils 6 Personen)

Planungsverlauf

A 7 Min. Einstieg

Anlage 1 und 2: Folien

Der Lehrer bittet die Schüler, in Partnerarbeit zu arbeiten, wobei sich jeweils einer mit dem Rücken zur Tafel setzen soll. In einer kurzen Einführung erklärt der Lehrer, dass es die Aufgabe des „richtig" sitzenden Schülers ist, den auf der Folie abgebildeten Beruf auf Englisch so zu beschreiben, dass sein Partner diesen errät. Erschwerend kann man in leistungsstärkeren Klassen, wie bei dem Spiel „Tabu", eine Anzahl von Wörtern vorgeben, die nicht benutzt werden dürfen.

B 8 Min. Reflexion im Plenum

Anschließend überlegen die Schüler gemeinsam in einem Unterrichtsgespräch, welche Informationen (Tätigkeitsfelder, Arbeitszeiten, Arbeitskleidung, Arbeitsutensilien, ...) wichtig waren, um den Beruf erraten zu können.

C 10 Min. Klärung der anschließenden Erarbeitungsphase

Anlage 3: Interviewbogen
Anlage 4: Vorlage für Karten

Die Schüler bekommen die vorbereiteten Interviewbögen ausgeteilt und haben zunächst die Möglichkeit, inhaltlich Verständnisfragen zu stellen oder Ideen für weitere Interviewfragen zu äußern.
In leistungsstärkeren Klassen könnte man sicherlich bei zusätzlicher Zeit die Fragen in Kleingruppen selbst erarbeiten lassen.
Dann erhält außerdem jeder Schüler eine (laminierte) Berufskarte, die er seinen Mitschülern natürlich nicht zeigen darf.
Der nun folgende Arbeitsauftrag besteht darin, in nicht mehr als acht Fragen den Beruf des Mitschülers herauszufinden und ihn (in Deutsch) zu sagen. Der interviewte Partner bestätigt gegebenenfalls die Richtigkeit und nennt den englischen Begriff für den entsprechenden Beruf.

D 30 Min. Erarbeitungsphase/Marktplatz

Nun sollen die Schüler möglichst viele Mitschüler interviewen und sich die verschiedenen Berufe in Deutsch und Englisch notieren. Sie sind frei in der Wahl ihrer Gesprächspartner, allerdings sollten immer nur zwei Schüler im Austausch miteinander stehen, sodass jeder in der Zielsprache Fragen stellen und Antworten geben muss.
Die Phase wird mit der Aufforderung beendet, dass jeder Schüler „seinen Beruf" in Englisch an die Tafel schreibt und Platz nimmt.

E 10 Min. Neuorganisation der Zusammenarbeit

Vorbereitetes Puzzle

Der Lehrer resümiert, dass die Schüler sich nun schon einige Berufe angeeignet haben, aber sicherlich nicht alle an der Tafel angeschriebenen Bezeichnungen kennen.
In der sich anschließenden Phase sollen die Schüler daher noch einmal in Gruppen die Möglichkeit bekommen, sich über die ihnen noch unbekannten Berufsbezeichnungen mithilfe von Relativsätzen auszutauschen.
Zur Erinnerung sollte der Lehrer gegebenenfalls ein Beispiel mit seinen Schülern gemeinsam überlegen (z.B.: *A hairdresser is someone who cuts your hair and makes it look beautiful*).
Dann erhalten die Schüler vorbereitete Puzzleteile, die z.B. aus 5 alten Postkarten hergestellt werden können. Die Karten sollten in 6 Teile geschnitten werden, sodass man am Ende 30 Schnipsel hat, von denen jeder Schüler einen bekommt.
Um die Zusammenstellung der Gruppe eventuell noch ein zweites Mal mischen zu können, kann man die Puzzleteile zusätzlich an der Unterseite mit einem farbigen Klebepunkt versehen.

F 15 Min. Gruppenarbeit

Gemäß den zusammengehörenden Puzzleteilchen tauschen sich die Schüler in 6er-Gruppen über die ihnen noch unbekannten Begriffe aus (*What's a ... ? – That's someone who ...* .).
(Aufgrund der farbigen Punkte an der Unterseite der Kartenteilchen kann eine zweite Gruppenbildung erfolgen.)

G 5 Min. Ergebnissicherung im Plenum

Stichprobenartig stellt der Lehrer fest, ob die Berufe tatsächlich umschrieben werden können.

H 5 Min. Hausaufgabe

Anlage 5: Hausaufgabe

Der Lehrer erläutert die Hausaufgabe und klärt Verständnisfragen.

World of work *Anlage 2*

Introducing Australia

Peer Brändel

ca. 60 Minuten

Methodenkompetenz: Brainstorming, Note making, Evaluation of a talk

Kooperatives Lernen: One stay, three stray

Das folgende Unterrichtsvorhaben dient dazu, in das Thema *Australia* einzuführen. Ziel ist es, Vorwissen der Schüler im Rahmen eines Gruppenbrainstormings zu rekapitulieren und allen Schülern verfügbar zu machen.

Ziele

- **Einzel- und Gruppenbrainstorming durchführen**
- ***Note making* anwenden**
- **Notizen strukturieren**
- **Freies Sprechen und Argumentieren üben**
- **Gruppenergebnisse anhand von Stichwörtern, Zeichnungen, Symbolen präsentieren (monologisches Sprechen)**

Material

- Anlage 1 Übersicht für den Lehrer
- Anlage 2 Klassensatz
- 5–6 Posterpapier (DIN A2)
- ca. 10 x 10 cm große Zettel (oder Post-Its)
- Eddings, ggf. Prit-Stifte

Planungsverlauf

A 10 Min. Einstieg/Einzelbrainstorming

Anlage 1:. Informationsblatt (Lehrer)

Die Klasse wird in Gruppen (à 4–5 Schüler) eingeteilt. Jede Gruppe erhält ein Poster, sowie einen Stapel Zettel bzw. Post-Its. Das Thema *What do you know about Australia?* wird vorgestellt.
Jedes Gruppenmitglied schreibt nun möglichst viele Assoziationen zum Thema auf die ausgelegten Zettel. Dabei ist wichtig, dass pro Zettel nur ein Gedanke notiert wird. Die beschriebenen Zettel werden auf das Poster geklebt. In dieser Phase wird nicht gesprochen und auch nicht auf die Post-Its der anderen Gruppenmitglieder geschaut.

B 10–15 Min. Gruppenbrainstorming/Strukturieren

Um den Gedankenfluss der Gruppenmitglieder untereinander zu intensivieren, werden nach einigen Minuten auf Hinweis der Lehrers die (neu) niedergeschriebenen Gedanken laut ausgesprochen und dann aufgeklebt (*write it – say it – put it on the paper*). Gespräche untereinander sollten dabei nicht stattfinden.

Auf Hinweis des Lehrers ordnen die Schüler die Post-Its thematisch (clustern) und versehen sie mit Überschriften. Zettel mit identischen Gedanken werden aufeinandergeklebt. So werden typische Assoziationen zum Thema deutlich.

C 7 Min. One stay, three stray

Innerhalb der Gruppe wird nach Zufallsprinzip bestimmt, wer die bisher gefundenen Ergebnisse den Mitgliedern der anderen Gruppen präsentiert.[1] Der Präsentator bleibt am Platz (*one stay*), während die restlichen Gruppenmitglieder „ausschwärmen" (*they stray*) und sich von den anderen Gruppen deren Ergebnisse erläutern lassen. Dabei dürfen sie Fragen stellen und auch neue Ideen „mitnehmen".
Die Gruppen finden sich wieder an ihrem Poster ein und ergänzen bzw. verändern ihre bisherigen Ergebnisse unter Einbeziehung der neu gefundenen Ideen.

D 15 Min. Vorbereitung der Präsentation

---

1 Geeignete Methoden: *Democratic vote/Numbered-Heads-Together* (ggf. siehe Seite 201), *lowest house number/last birthday in year ...*

Die Gruppen bereiten gemeinsam eine Präsentation der Ergebnisse vor. Dazu erstellen sie aus den gesammelten Informationen z.B. eine Mindmap. In leistungsstärkeren Klassen enthält die Mindmap nur Symbole, die bei der Präsentation versprachlicht werden.
Je nach Thema können die Ergebnisse auch als Rollenspiel oder Wandzeitung aufgearbeitet werden. Hierfür sollte mehr Zeit eingeplant werden.

E 20 Min. Präsentation/Evaluation

Anlage 2: Arbeitsblatt

Die einzelnen Gruppen präsentieren ihre Ergebnisse. Anschließend besteht die Möglichkeit einer Evaluation anhand des Arbeitsblattes. Da die Ergebnisse aufgrund des Austausches untereinander recht ähnlich sein dürften, kann ggf. darauf verzichtet werden, alle Gruppen ihre Ergebnisse vortragen zu lassen. Die Präsentation kann dazu genutzt werden um Darstellungsweise und Präsentationstechniken stärker in den Fokus zu rücken.

Introducing Australia *Anlage 1*

Introducing Australia

1. **Brainstorming**
   - Sit together in groups of 4 – 5 students.
   - Think about Australia. **Do not talk.**
   - Write down everything that you know about Australia.
   - **One aspect = one "post it".**

2. **Structuring**
   - Arrange the little sheets in groups which belong together.
   - Fix them on a poster.
3. **Getting more ideas**
   - 3 students from each group go and have a look at other posters for 5 minutes.
   - Go back to your poster and add information. (Perhaps you must arrange the sheets in new groups again.)
   - Find headings for the groups.
4. **Making a mind map**
   - Take a new poster.
   - Write all the information from the first poster onto the new poster. You are only allowed to use symbols **(no words)**.
5. **Practising a presentation**
   - Everyone in your group should practise presenting the group's results.
6. **Democratic vote**
7. **Presentation**
   - Different students give short talks about Australia with the help of their mind map.

 Seite 1

Jahrgangsstufe 10

Un voyage à Paris

Susanne Heemeier, Vera Löhr (unter Mitarbeit von Markus Tackenberg)

2–3 Unterrichtsstunden

Methodenkompetenz: Notizen machen

Kooperatives Lernen: Gruppenpuzzle

Eine Fahrt in die französische Hauptstadt ist für viele Französischkurse der Höhepunkt ihres Unterrichts. Das folgende Lernarrangement ist Teil der Vorbereitung einer solchen Kursfahrt, bei der die Schüler das Programm inhaltlich mitgestalten können. Aber auch für Klassen oder Kurse, die eine solche Fahrt nicht durchführen, ist die fiktive Planung eines Parisaufenthaltes durchaus motivierend.
In einer komplexen Situation müssen die Schüler unterschiedliche kommunikative Kompetenzen vertieft anwenden (Lesetechniken, monologisches und dialogisches Sprechen, Hören und das Schreiben einfacher Texte auf Basis von Stichwörtern) und unterschiedliche Lerntechniken nutzen.

Ziele

- **Informationen aus Texten notieren und versprachlichen**
- **Mündliche Informationen in einer Mindmap oder in anderer Form als Notizen verschriftlichen**

Material

- Anlage 1 — 12 kurze Texte = 2 Texte pro Schüler (Anlage entsprechend zerschneiden)
- Anlage 2 — Fragebogen

Planungsverlauf

A 5 Min. Einführung

Der Lehrer informiert die Klasse über das Vorhaben, gemeinsam zu erarbeiten, welche wichtigen Sehenswürdigkeiten in Paris besucht werden. Die Schüler sollen die in Frage kommenden Ziele kennenlernen und sich Informationen zu den einzelnen Touristenattraktionen erarbeiten, um anschließend gemeinsam zu entscheiden, welche der gesamte Kurs besuchen wird.

B 20 Min. Arbeit in der Stammgruppe

Anlage 1: 12 kurze Texte

Im ersten Schritt wird die Klasse in sechs Gruppen aufgeteilt (Gruppe A, B, C, D, E und F). Gleichzeitig erhält in allen Gruppen jeder Schüler eine Zahlenzuordnung 1, 2, 3 etc. Alle Schüler der Gruppe A lesen dann ihre beiden Texte, ebenso Gruppe B usw.
Dabei ist wichtig, dass jeder Schüler zunächst für sich allein arbeitet. Während des Lesens machen sich die Schüler Notizen, da sie später ihren Mitschülern, die diese Texte nicht kennen, ihre Informationen ohne Textvorlage weitergeben müssen. In ihrer Stammgruppe vergleichen die Schüler auf ein Zeichen des Lehrers hin ihre Notizen, korrigieren und ergänzen diese gegebenenfalls. Damit ist sichergestellt, dass alle Schüler die wesentlichen Grundinformationen für die Weiterarbeit besitzen.

C 30 Min. Arbeit in Expertengruppen

Im nächsten Schritt treffen sich alle Schüler mit der Nummer 1 (also A1, B1 usw.), alle mit der Nummer 2 (A2 usw.) in ihrer Gruppe (= Expertengruppe) und informieren sich gegenseitig mithilfe ihrer Notizen über ihre Texte. Während Schüler A1 seine Informationen weitergibt, notieren die Mitschüler die wichtigsten Informationen und fragen bei Verständnisproblemen nach. Anschließend sind die Schüler B1 usw. an der Reihe. Am Ende besitzt jedes Gruppenmitglied die Informationen zu allen Texten.

D 15 Min. Arbeit in der Stammgruppe

Im nächsten Schritt treffen die Schüler wieder in ihren Stammgruppen zusammen. Sie tauschen sich kurz aus, um sicherzustellen, dass alle Gruppenmitglieder alle Informationen in ihren jeweiligen Expertengruppen richtig erfasst haben.
Damit die Schüler in diesen kooperativen Gruppenarbeitsphasen Französisch sprechen, hat es sich als äußerst hilfreich erwiesen, den einzelnen Schülern in der jeweiligen Gruppe Rollen zuzuweisen, die ihnen zusätzliche Verantwortung für die korrekte Durchführung ihrer Arbeit übergibt. Wichtige Rollen dabei sind die des Zeitmanager (er behält die Einhaltung des vorgegebenen Zeitrahmens im Auge), der Lautstärkemanager (dieser achtet darauf, dass der Lautstärkepegel der Gruppe angemessen bleibt), der Ermunterer (er sorgt dafür, dass alle Gruppenmitglieder gleichermaßen am Arbeitsprozess beteiligt sind). Eine besondere Rolle kommt im Französischunterricht dem *gardien de langue* zu. Seine Aufgabe ist es, darauf zu achten, dass in der Gruppe während der Gruppenarbeitsphase Französisch verwendet wird. Bei Nichteinhaltung der Regel fordert er die Gruppenmitglieder konsequent auf, Französisch zu sprechen. Darüber hinaus liegt es natürlich in der Verantwortung des Unterrichtenden, den sprachlichen Schwierigkeitsgrad der Übung einzuschätzen und das entsprechende Vokabular bereitzustellen oder besser noch, vorab eingeübt zu haben.

E 15 Min. Auswertung der Gruppenergebnisse

Anlage 2: Fragebogen

In den Stammgruppen kreuzt nun jeder – auf Grundlage des zuvor gewonnenen Wissens über die einzelnen Sehenswürdigkeiten – die *curiosités* an, die er persönlich gerne besuchen würde. Danach werten die einzelnen Gruppen ihre Ergebnisse aus, um sie vor dem Plenum zu präsentieren.

F 15 Min. Übung und Präsentation der Gruppenergebnisse

Bevor die Gruppen die Ergebnisse vortragen, sollte diese Präsentation in der Gruppe geübt werden. Dabei ist wichtig, dass nicht nur die reinen Zahlen vorgestellt, sondern auch einige Begründungen mit angegeben werden. Außerdem muss sich jedes Gruppenmitglied an dieser Übungsphase beteiligen, um für die spätere Präsentation Sicherheit zu bekommen. Die Gruppe könnte z.B. in mehreren Durchgängen üben, wobei nicht jedes Gruppenmitglied alle Teile präsentiert. Wichtig ist, dass die Schüler die sprachlichen Hilfen auf dem Arbeitsblatt nutzen und auch sich gegenseitig Rückmeldung oder Verbesserungstipps geben.

Die Ergebnisse der Gruppen werden an der Tafel gesammelt und eine Art „Klassenranking" aufgestellt.

Hinweise zur möglichen Weiterführung der Thematik

Für Schulen, deren Reiseziel im Rahmen der Differenzierungsfahrten Paris ist, wäre folgende Weiterführung bzw. Ergänzung denkbar:

- Im Vorfeld der Reise wählen die Schüler als Zweier- oder Dreierteam ein Thema z. B. aus den Vorschlägen des Arbeitsblattes aus. Sie sammeln grundlegende Informationen zu diesem Thema, um während der Fahrt als „Reiseleiter" tätig werden zu können. Die kurze Präsentation für die Gruppe vor Ort erfolgt auf Deutsch.
  Vorteil: Ggf. ersetzt diese Vorgehensweise einen gebuchten Reiseführer; alle Schüler werden aktiv in die Gestaltung der Reise eingebunden.
- In unmittelbarem Anschluss an die Fahrt arbeiten die Schüler in ihrem Team das Thema gründlich aus. Sie erstellen ein Plakat, eine schriftliche Zusammenfassung (nur für den Lehrer) sowie eine Vokabelliste. Die Vorstellung der Themen kann „klassisch" im Plenum erfolgen.
  Vorteil: Die Bewertung des Vortrags ist so für die Lehrkraft einfacher.
- Alternativ ist die kooperative Lernform *Ausstellung* denkbar. Dazu wird die Klasse in zwei (drei) Gruppen eingeteilt, die dann zusammen wie z. B. während der Führung durch eine Ausstellung von Plakat zu Plakat wandern (unterschiedlicher Startpunkt!).
  Vorteil: Ein höherer Sprechanteil ist gewährleistet. Jeder Schüler muss, wenn die Gruppe am Plakat „seines" Teams angelangt ist, als Präsentator in französischer Sprache tätig werden und den gesamten Vortrag halten.
- Eine schöne Idee zur Wertschätzung der Schülerarbeiten ist die abschließende (Dauer-)Ausstellung der Plakate z. B. im Foyer der Schule.
- Die Ausarbeitung und Präsentation der Themen zur Differenzierungsfahrt ersetzt an der Realschule Enger die erste Klassenarbeit der Jahrgangsstufe 10. Zur intensiven Auseinandersetzung mit den Themen stehen den Schülern in unmittelbarem Anschluss an die Fahrt zwei Nachbereitungstage zur Verfügung. Der Vortrag bzw. die schriftliche Ausarbeitung fließen zu je ca. 50 % in die Bewertung ein.

Un voyage à Paris *Anlage 2*

2. Présentez, écoutez, prenez des notes et choisissez.

Faites votre choix:

Voilà ce qu'on peut visiter/regarder/ ...	**Ici, tu peux dire ce qui t'intéresse**		**Donne des raisons pour ta décision**
Le nom de la curiosité	Est-ce que je veux y aller?		Voilà pourquoi je veux/je ne veux pas y aller:
A) Le Louvre	oui	non	
B) Les Champs Élysées	oui	non	
C) Le musée d'Orsay	oui	non	
D) La Place de la Concorde	oui	non	
E) Le Centre Pompidou	oui	non	
F) La Défense	oui	non	
G) La Tour Eiffel	oui	non	
H) Le Quartier Latin	oui	non	
I) Montmartre	oui	non	
J) Disneyland Paris	oui	non	
K) Belleville	oui	non	
L) L'île de la Cité avec Notre Dame	oui	non	

My listening habits

Joachim Blombach

1 Unterrichtsstunde

Methodenkompentenz: Note taking

Kooperatives Lernen: Appointment, Think-Pair-Share

Das Thema Musik spielt im Leben Jugendlicher eine herausragende Rolle. Dementsprechend motivierend ist es, seine eigene Einstellung und Vorlieben anderen mitzuteilen. Um möglichst viele Schüler zu Wort kommen zu lassen, wird als Einstieg in die Unterrichtseinheit eine *Interview Activity* mithilfe der kooperativen Lernform *Appointment* gewählt. Diese Art des sozialen Miteinanders und interaktiven Kommunizieren wird auch von Schülern der Klasse 10 gern gemacht, wobei sie diese Arbeitsform seit langem kennen.
Um diese Übung binnendifferenziert durchzuführen, werden zwei Arbeitsblätter inhaltlich gleicher Art, jedoch auf unterschiedlichen Schwierigkeitsniveaus angeboten. In Anlage 1 müssen die Schüler die Fragen auf Basis von Stichwörtern bilden, Anlage 2 ist für lernschwächere Schüler gedacht, die noch Probleme bei der Fragebildung haben.

Ziele

- **Den Wortschatz *sports* anwenden**
- **Im Interview Fragen stellen auf der Grundlage von Stichwörtern und sie beantworten**
- **Einfache Notizen zu Antworten machen**
- **Eigene Notizen versprachlichen**
- **Kurze Texte über sich bzw. Mitschüler auf Basis der Notizen schreiben**

Material

- Anlagen 1 und 2 jeweils Klassensatz

Planungsverlauf

A **5 Min.** **Plenum – Hinführung**

Der Lehrer führt z.B. über eine Vokabelwiederholung zum Wortfeld music auf das Thema der Stunde hin. Er erläutert kurz das Vorhaben.

B **5 Min.** **Appointment – Finding your partners**

Anlage 1: Arbeitsblatt (Fragen als Stichwörter) und/oder
Anlage 2: Arbeitsblatt (Fragen ausformuliert)

Der Lehrer teilt das Arbeitsblatt aus und erläutert das konkrete Vorgehen. Bevor die Übung inhaltlich bearbeitet wird, schreibt er *1 o'clock, 2 o'clock, 3 o'clock* an die Tafel und fordert die Schüler auf, dies auch auf einem Extrablatt zu notieren. Zu den genannten Uhrzeiten sollen die Schüler sich mit jeweils einem Mitschüler verabreden und dessen Namen hinter die Uhrzeit schreiben. Das soll möglichst in sehr knapper Zeit erfolgen (z.B. eine Minute), was kein Problem bei Klassen darstellt, die diese Form des Arbeitens kennen. Während man noch bei der ersten Verabredung mit seinem „Freund" einen Termin findet, ist dies danach nicht mehr möglich, da jeder froh sein muss, auf die Schnelle noch jemanden zu weiteren „freien" Verabredungen zu finden. Auf diese Weise wird die Klasse bei der nun folgenden Arbeit miteinander gut „gemischt" und jeder lernt immer mehr mit jedem in der Klasse zu arbeiten. Damit ist auch festgelegt, mit welchen Partnern man später zusammenarbeitet, was zu einem schnellen und ruhigen Partnerwechsel führt.

Zum Schluss überprüft der Lehrer, ob alle Schüler zu jeder Uhrzeit auch einen Partner gefunden haben. Wenn nicht, wird dies an dieser Stelle nachgeholt.

C **10 Min.** **Appointment – Einzelarbeit (Think)**

Bevor sich die Schüler gegenseitig interviewen, erhält jeder zunächst Gelegenheit, sich in Einzelarbeit mit der Aufgabe vertraut zu machen und die Fragen für sich schriftlich zu beantworten.

D **15 Min.** **Appointment – Partnerinterviews (Pair)**

Im nächsten Schritt fordert der Lehrer die Klasse zur ersten Interviewrunde auf: *Everybody interviews his 2 o'clock partner*. Es macht Sinn, die Zeiten nicht chronologisch aufzurufen, sondern durcheinander, was zu mehr Aufmerksamkeit in der Klasse führt (zumal in der Regel bei *1 o'clock* der Name des Freundes notiert worden ist). Die Antworten werden in Stichworten aufgeschrieben. Ist dies durchgeführt, werden nach jeweiliger Aufforderung die anderen Interviewpartner aufgesucht und interviewt.

E 10 Min. Appointment – Präsentation der Ergebnisse (Share)

Im nächsten Schritt werden die Ergebnisse präsentiert, was auf unterschiedliche Weise erfolgen kann – je nach Leistungsstand der Klasse.

A) Einzelne items oder alle Ergebnisse können mündlich und/oder schriftlich präsentiert werden.

B) Anstatt die Ergebnisse „nur" zu präsentieren, kann die Präsentation auch in Form eines Ratespiels erfolgen, was auch älteren Schülern gerade bei diesem Thema noch Spaß macht. Der Lehrer bittet dafür einen Schüler, einen kurzen Bericht über einen von ihm interviewten Mitschüler vor der Klasse zu geben, während die anderen erraten oder schlussfolgern müssen, um wen es sich handelt.

C) Die Klasse wird in 4er-(Zufalls-)Gruppen eingeteilt. Reihum präsentiert jedes Gruppenmitglied die Information über eine interviewte Person, die vom Rest der Gruppe erraten werden muss.

F Hausaufgaben

Write a text about you. Give reasons for your choice.
Write another text about a classmate you interviewed.

Music: My listening habits

My name: ________________________	**Questions**
1. I like ________________________ ________________________.	1. What sorts of music?
2. I listen to ________________________ ________________________.	2. When/Where?
3. I ________________________.	3. What gadgets?
4. I've been to (was) ________________________ ________________________.	4. Live concerts?
5. My favourite song is ________________________ by ________________________.	5. Favourite song?
6. It's ________________________ ________________________.	6. What is it about/like? Language?
7. I like it because ________________________ ________________________.	7. Why do you like it?
8. My favourite ________________________.	8. Favourite singer/group?
9. ________________________. ________________________	9. Where from? Age? Hits?
10. ________________________ ________________________.	10. What else do you know?

The Øresund project

Joachim Blombach

2 Unterrichtsstunden

Methodenkompetenz: Lesetechniken, Note taking

Kooperatives Lernen: Marktplatz, strukturierte Gruppenarbeit, Gruppenpuzzle

Im Rahmen des Themas *Europe – English used as a lingua franca* wird am Beispiel der Brücke zwischen Dänemark und Schweden im Lehrwerk die Bedeutung der englischen Sprache bei internationalen Projekten gezeigt. Vorab erarbeiten die Schüler Hintergrundinformationen mithilfe der Materialien. Der methodische Ablauf entspricht in großen Phasen dem der beiden Themen *Child labour* und *Immigration to the USA*. Auch hier geht es wieder um die integrative Anwendung und Übung unterschiedlicher Kompetenzbereiche (kommunikativer, methodischer und sozialer Art).

Ziele

- **Textinhalt mithilfe der Lesestile *skimming* und *intensive reading* erfassen**
- **Markierungstechniken und unterschiedlichen Formen des *Note taking* anwenden**
- **Textinformationen mithilfe von *notes* weitergeben**
- **Notizen zu einem gehörten Text machen**
- **Ein Quiz gemeinsam lösen**
- **Informationen in unterschiedlichen Gruppenkonstellationen austauschen**

Material

- Anlage 1 Arbeitsblatt mit 8 Karten (= je eine info card pro Schüler)
- Anlage 2 Klassensatz
- Anlage 3 Arbeitsblatt 1 x pro Gruppe

Planungsverlauf

A 5 Min. Einzelarbeit – reading/note taking

Anlage 1: Information cards (= 1 Karte pro Schüler)
Anlage 2: Auswertungsbogen

Nachdem der Lehrer in die Thematik eingeführt hat, erhält jeder Schüler einen Text zum Thema *The Øresund project*. Der Lehrer weist auf die Bedeutung des konzentrierten Lesens und späteren Markierens hin, da nach dieser Phase alle Schüler ihre Texte wieder abgeben müssen und für die Weiterarbeit nur ihre eigenen Notizen nutzen können. Dieser wichtige Hinweis führt in der Regel zu einem intensiveren und konzentrierteren Arbeiten.
In Einzelarbeit liest jeder Schüler seinen Text im Sinne eines *Skimming*. Es wird nur gelesen, erst beim zweiten Lesen (*intensive reading*) sollen die Schüler die wesentlichen Informationen markieren. Zwischenzeitlich teilt der Lehrer den Auswertungsbogen (*Anlage 2*) aus, auf dem jeder Schüler die Informationen seines Textes in die jeweilige Rubrik einträgt.
Dann sammelt der Lehrer die Texte der Schüler wieder ein.

B 20 Min. Marktplatz – Austausch von Informationen

In Form der kooperativen Lernform „Marktplatz" tauschen sich die Schüler in der Klasse über ihre jeweiligen Teilaspekte zum Thema *The Øresund project* aus. Dazu gehen sie in der Klasse umher und suchen einen Mitschüler, der einen anderen als den eigenen Text bearbeitet hat (*Excuse me, I've got information about ..., and I still need information about ..., Can you help me?*). Die beiden Schüler tauschen sich nun in der Fremdsprache aus.
Während Schüler A zunächst seine Informationen, die er auf seinem Auswertungsbogen geschrieben hat, an B mündlich weitergibt, notiert B diese Infos auf seinem Auswertungsbogen. Dann wird das Ganze umgekehrt durchgeführt, sodass am Ende des Kommunikationsprozesses jeder die Information über einen ihm bis dahin unbekannten Teilaspekt hat.
Danach suchen sich Schüler A und B neue Mitschüler (C+D), die möglichst andere *information cards* bearbeitet haben. A und C bzw. B und D tauschen sich in derselben Weise wie vorher aus. Dann gehen alle wieder auf Suche nach einem weiteren Mitschüler, der einem noch fehlende Informationen geben kann bzw. der noch fehlende Informationen sucht.

Wichtig: Als Lehrer ist unbedingt darauf zu achten, dass sich die Schüler nicht schon in Kleingruppen zusammenstellen.
In dieser Phase geht es nicht darum, möglichst alle fehlenden Informationen zu erhalten. Lernlangsamere oder -schwächere Schüler sollen jedoch ohne Zeitdruck ihren Fähigkeiten entsprechend arbeiten können.

C 20 Min. Gruppenarbeit – Ergebnissicherung

Nach ca. 20 Minuten bricht der Lehrer die Aktivität ab und fordert die Schüler auf, sich in 5er-Gruppen zusammenzusetzen. Die Gruppeneinteilung erfolgt nach dem Zufallsprinzip (z.B. durch Abzählen).
Innerhalb der Gruppe sollen sich die Gruppenmitglieder gegenseitig unterstützen, um die jeweils fehlenden Informationsfelder zu ergänzen bzw. die eigenen Informationen auf ihre Korrektheit zu überprüfen. Dazu nennt reihum jeder in der Gruppe die Rubriken, die ihm noch fehlen (z.B. *I haven't got any information about the artificial island and peninsula? … the Øresund Tunnel?*). Auf diese Weise vervollständigt die Gruppe gemeinsam den Auswertungsbogen und überprüft gleichzeitig miteinander die Korrektheit der einzelnen Notizen.

Anmerkung: Bei fünf Gruppenmitgliedern ist die Wahrscheinlichkeit groß, dass zumindest ein Gruppenmitglied in der vorhergehenden Phase eine fehlende Information erhalten hat. Sollte das nicht der Fall sein, besteht die Möglichkeit, einen kurzen Informationsaustausch im Plenum durchzuführen.

D 15 Min. Gruppenarbeit – Beantwortung der Fragen

Anlage 3: Arbeitsblatt

Die Gruppen erhalten je ein Arbeitsblatt und beantworten schriftlich die Fragen. Der Lehrer macht zuvor noch einmal darauf aufmerksam, dass jeder aus der Gruppe in der Lage sein muss, die Antworten später vor der Klasse zu präsentieren. Dies kann u.a.nach dem Prinzip des *numbered-heads-together* oder *The oldest/the youngest* oder *whose birthday is next* usw. erfolgen.
Es wird gezielt nur ein Arbeitsblatt pro Gruppe ausgeteilt, sodass alle Gruppenmitglieder miteinander arbeiten müssen: Einer liest die Frage vor, alle anderen helfen, diese zu beantworten. Alle notieren jedoch die Antwort.

E 10 Min. Vergleich in neuen Gruppen

Der folgende Weg der Ergebnissicherung entspricht der kooperativen Lernform des Gruppenpuzzles.

Jeder Schüler jeder Gruppe erhält eine Zahl zwischen 1 und 5. Nachdem die Gruppen ihre Antworten gefunden haben und jeder Einzelne sie notiert hat, treffen sich alle Schüler mit der Nummer 1, alle Schüler mit der Nummer 2 usw. und vergleichen ihre Ergebnisse. Sollten sie dabei Fehler feststellen, korrigieren sie diese. Danach gehen sie wieder in ihre Ausgangsgruppe und tauschen sich ein letztes Mal aus.

F 10 Min. Alternative: Vorstellung der Lösungen im Plenum

Nach dem Zufallsprinzip werden nun Schüler einzelner Gruppen aufgefordert, die gemeinsam gefundenen Antworten vor der Klasse vorzutragen. Alle vergleichen diese mit ihren eigenen Antworten. Notwendige Korrekturen werden durchgeführt.

G 10 Min. Ergänzung: Reflexion

Wie schon an anderen Stellen erwähnt, bietet sich auch hier am Ende einer solchen komplexen Aufgabenstellung, in denen unterschiedlichste Kompetenzen von den Schüler gefordert und gefördert wurden, eine gemeinsame Reflexion an, wie sie z. B. u. a. unter *picture story* erläutert wird, vgl. S. 118.

The Øresund project *Anlage 2*

The Øresund project

1 History	2 The Øresund Link	3 The Øresund Bridge	4 The Øresund Tunnel

5 Artificial island and peninsula	6 Environment and safety	7 Traffic in the past and today	8 Bridge tolls and traffic

 Seite 1

My point of view – debating

Susanne Rave

2 Unterrichtsstunden

Methodenkompetenz: Lesetechniken, Note taking, Versprachlichung von Notizen, Präsentation

Kooperatives Lernen: Zuhören

Kommunikative Kompetenz: Expressing your point of view

Mit dem aus dem englischen Kulturkreis stammenden *Debating* lassen sich im Englischunterricht der Klassen 9 und 10 wesentliche Methodenkompetenzen der Schüler entweder einführen oder vertiefen. Gleichzeitig werden realitätsnahe Sprechanlässe auf unterschiedlichen Leistungsniveaus ermöglicht.
Als Vorbereitung für die Einheit kann eine Lektüre oder Kurzgeschichte dienen, die kontroverse Sichtweisen eines Themas bietet. Es eignet sich aber auch ein aktuelles Thema aus dem Umfeld der Schüler. Die Rollen in einer Debattierrunde sind klar verteilt, die Lehrperson sollte anfänglich die *Chairman and Timekeeper*-Rolle einnehmen, die nach einiger Übung aber auch von einem Schüler oder einer Schülerin übernommen werden kann.

Ziele

- **Thematisch bezogene Wortschatzarbeit (schriftlich und mündlich) üben**
- **Informationsbeschaffungstechniken anwenden**
- **Frei sprechen (mithilfe von Notizen)**
- **Argumente sammeln und zusammenstellen**
- **Aktiv zuhören**
- **Regeln im Rahmen eines geleiteten Gesprächs einhalten**
- **Eine kulturell geprägte Konversationsform kennenlernen (Landeskunde)**
- **Rollen im Rahmen einer unfangreichen Gruppenarbeit bzw. Partnerarbeit üben und einhalten**

Material

- Anlage 1 Klassensatz
- 5 zerschnittene Postkarten für das Gruppenpuzzle
- 5 Poster
- 5 Eddings

Planungsverlauf

A 5 Min. Einführung

Im englischen Sprachraum ist die Kultur des Debattierens weit verbreitet und wird zum Teil sogar öffentlich in Form von Wettkämpfen ausgetragen. Diese Art mit Sprache umzugehen gibt es bei uns nur wenig, deshalb ist es notwendig, eine kurze Einführung zu geben.

Die *debate* ist eine formale Diskussion, die festgelegten Regeln folgt. Die *proposition* muss einen Standpunkt verteidigen, indem sie Argumente für diesen Standpunkt benennt. Die *opposition* muss diesen Standpunkt angreifen, indem sie Argumente gegen ebendiesen vertritt. Der Ablauf einer Debatte ist streng abwechselnd zwischen den Parteien mit jeweils einem neuen Sprecher. Schon durch die Besetzung der einzelnen Rollen kann Schülern auf unterschiedlichen Leistungsniveaus entsprochen werden.

B 5 Min. Erarbeitung der Ausgangslage

Gemeinsam wird an der Tafel eine „set-up"-Situation für eine *debate* erarbeitet. Das entsprechende Vokabular muss dabei eingeführt werden. Die Wörter *chairman/timekeeper, proposition, opposition* werden dabei in einer Skizze an der Tafel festgehalten.

chairman/timekeeper
(one person)

Proposition **(small group)**

Opposition **(small group)**

Listener/audience
(big group)

C 20 Min. Gruppenpuzzle – Erarbeitung von Redemitteln

Anlage 1: Arbeitsblatt

Die Lerngruppe wird per Losverfahren in fünf Gruppen aufgeteilt, in den Lerngruppen werden die Redemittel sortiert (s. Aufgabe auf dem Arbeitsblatt). Jede Kleingruppe erhält die Aufgabe, ihre Ergebnisse auf einem Plakat festzuhalten. Dabei bietet sich die Aufteilung an, zwei Gruppen *proposition*, 2 Gruppen *opposition* und eine Gruppe *chairman* zu bilden.
Da die einzelnen Vokabeln bekannt sein sollten, können die Gruppen auch die Aussprache selbstständig üben, wobei schwächere Schüler von stärkeren unterstützt werden können. Durch das Zusammenarbeiten von Lernenden mit unterschiedlichem Leistungsniveau findet unbewusst eine gezielte Förderung der Einzelnen statt. Zusätzlich kann in dem geschützten Raum der Kleingruppe Sicherheit für die kommende *debate* gewonnen werden.

Es bietet sich an, fünf Postkarten in je sechs Stücke zu zerschneiden (= 30 Schnipsel) und diese als Lose für die Gruppenzusammenstellung zu nutzen. Bei größeren oder kleineren Lerngruppen müssen entsprechend mehr oder weniger Schnipsel verteilt werden.

D 10 Min. Präsentation der Redemittel

Die Redemittel werden im Plenum noch einmal durchgesprochen und an der Tafel sortiert. Dabei ist es die Aufgabe der Lehrperson, eventuelle Aussprachefehler zu korrigieren. Die Schüler kontrollieren ihre Ergebnisse auf ihren Arbeitsblättern. Schwächere Schüler können diese in der Debatte als Hilfsmittel nutzen.

E 5 Min. Besprechung der Hausaufgabe

Als vorbereitende Hausaufgabe sammeln die Schüler Informationen zu ihrem Thema, dabei ist es ratsam, schon vorab die Lerngruppe in eine Pro- und Kontragruppe aufzuteilen. Die Schüler können sich so gezielt auf eine Einstellung vorbereiten und, falls nötig, das Eingangsstatement und entsprechende Redemittel für ihre Position zusammenstellen.

Um die Folgestunde interessanter zu gestalten, können auch verschiedene Themen vorbereitet werden. Im Sinne von Binnendifferenzierung bietet es sich an, unterschiedlich komplexe Themen herauszugeben.

Mögliche Themen:

- *The new technologies in the „Global Village" don't improve the social life of everybody.*
- *The new school system in Germany gives everybody the same chance for a good future job.*
- *Religious education as a school subject should be kept on the time table.*

Besonders in Klasse 10 bieten sich sehr viele Themen an, die mit der Zukunftsorientierung der Schüler in engem Zusammenhang stehen.

F 45 Min. Debating

Um eine realitätsnahe Situation herzustellen, sollten die Stühle im Klassenraum verschoben werden. Die *opposition* und die *proposition* sitzen vorne, der *chairman* kann stehen und das „Publikum" sitzt in Stuhlreihen mit dem Gesicht zum Podium. Der *chairman* eröffnet und schließt die Diskussion, führt eine Rednerliste, erteilt den Rednern das Wort und lässt am Ende über die Thematik abstimmen.
Das Publikum macht sich Notizen, um am Ende begründet abstimmen zu können und ausreichend Material für die Hausaufgabe zu haben.
Auf diese sollte schon zu Beginn der Stunde hingewiesen werden, um ein aktives Zuhören im Publikum zu verstärken.

Hausaufgabe:
Write down the arguments you have heard in the debate. How did you vote? Why did you vote for/against ...? What was the result of the voting? Why do you think the audience came to the result? Give reasons (eg: The opposition/ proposition convinced with ....).

Different points of view – the thinking hats

Peer Brändel

1–2 Unterrichtsstunden

Methodenkompetenz: Note making

Kooperatives Lernen: Thinking hats

Bei dieser Methode bearbeiten mehrere Gruppen arbeitsteilig ein Thema. Dabei wird jedes Thema innerhalb einer Gruppe aus verschiedenen Perspektiven betrachtet. Die angegebenen Zeiten sind in lernschwächeren Gruppen zu verlängern.

Ziele

- **Perspektivwechsel vornehmen**
- ***Note making* üben**
- **Monologisches Sprechen üben**
- **Präsentation reflektieren**

Material

- Anlage 1 Lehrerinformation, je nach Wahl Klassensatz
- Anlage 2 Klassensatz
- Pro Gruppe ein DIN-A3-Poster
- Eddings

Planungsverlauf

A 5 Min. Einstieg

Anlage 1: Informationsblatt (für Lehrer und ggf. Schüler)

Das Prinzip der *Thinking hats* wird anhand des Arbeitsblattes erläutert.
Der Lehrer gibt verschiedene Themen (z.B. *marriage, driving licence with 16, school uniform, computer & me, Christmas Eve*) vor. Die Thema sollen in der anschließenden Arbeitsphase arbeitsteilig unter einem bestimmten Fokus bearbeitet und beurteilt werden. Dazu wird die Bedeutung der verschiedenfarbigen Hüte anhand des Infoblattes erklärt:

Hutfarbe	**Fokus**	**Anspruch**
weiß	listet Fakten neutral und emotionslos auf	leicht
rot	stark ablehnend ohne Begründung; sehr emotional	leicht/mittel
gelb	ausschließlich sehr positiv, optimistisch und konstruktiv, sehr emotional	leicht/mittel
lila	negativ, pessimistisch, sehr einseitig (begründet) kritisch, düster	mittel/ schwer
grün	kreativ, neue (außergewöhnliche) konstruktive Sichtweisen, Alternativen anbietend	schwer
blau	gibt Überblick, indem die Aussagen der anderen Hüte gesammelt werden; ergänzt fehlende Sichtweisen	schwer

Bei einer Klassengröße von 30 Schülern wird die Klasse in fünf Stammgruppen à sechs Schüler aufgeteilt.[1] Jede Gruppe erhält ein anderes Thema.
Je nach sozialer und sprachlicher Kompetenz werden die Hüte innerhalb der Gruppe von den Schülern selbst oder dem Lehrer verteilt. Jedem Gruppenmitglied wird ein Buchstabe zugeordnet (A–E).

B 20 Min. Arbeitsphase – Einzel- und Gruppenarbeit

Anlage 2: Arbeitsblatt

Jede Gruppe arbeitet für sich. Jeder Schüler ist aufgefordert, sein Thema aus der vorgegebenen Perspektive zu bearbeiten. Dazu werden zunächst in Einzelarbeit Stichworte gesammelt, die dann auf dem Poster unter den jeweiligen Hut geschrieben werden. In lernstärkeren Gruppen kann dies in Form von Zeichnungen geschehen.

1 Im Hinblick auf die Gruppenarbeit sollte die Anzahl der Hüte in allen Gruppen gleich sein. Sollte die Schülerzahl variieren, werden einzelne Hüte doppelt besetzt.

Im Anschluss stellt jedes Gruppenmitglied seine Notizen bzw. seine Zeichnung vor, um sicherzustellen, dass alle Gruppenmitglieder die Aussagen verstanden haben.

C 20 Min. Vorstellungsphase (Gruppenarbeit)

Die Stammgruppen werden aufgelöst. Im nächsten Schritt bilden die Schüler mit dem gleichen Buchstaben eine neue Gruppe (Gruppen A–E).
Jede Gruppe sucht ein Poster auf. Somit befindet sich an jedem Poster ein Schüler, der an dem darauf behandelten Thema mitgearbeitet hat und nun die verschiedenen Standpunkte (*monologisches Sprechen*) vorstellen kann. Im Anschluss wechseln die Gruppen (Richtung, z. B. im Uhrzeigersinn, festlegen) zum nächsten Poster. Hier stellt dann der betreffende „Experte" das Ergebnis der Stammgruppe vor.

D 5 Min. Reflexion

Die Schüler äußern sich im Hinblick auf die Themen und die Umsetzung der Aufgabe zu den Arbeitsergebnissen. Sie wählen (z. B. im Rahmen einer Hausaufgabe) ein Thema aus (ggf. nicht ihr eigenes) und erörtern es im Hinblick auf die unterschiedlichen Perspektiven.

Varianten: In Klassen, die kooperatives Arbeiten weniger gewohnt sind, bietet sich die Arbeit in kleinen Gruppen an (z. B. mehr Themen mit weniger „Hüten" oder arbeitsgleiches Thema für alle Gruppen).

Modern technology – working with caricatures

Kai Heidkamp

2 Unterrichtsstunden

Kooperatives Lernen: Think-Pair-Share, Galeriegang, Numbered-Heads-Together

Diese Einheit eignet sich für den Einstieg in das Thema *Modern technology*. Durch die Kritik, die in den Karikaturen geäußert wird, kann ein Problembewusstsein bei den Schülern geschaffen werden. Karikaturen eignen sich für den Einstieg, da sie davon leben, dass ihr Sinn schnell und fast intuitiv erfasst werden kann. Dennoch bereiten sie immer wieder Probleme, wenn bestimmte Bildelemente nicht erkannt, Vokabeln nicht geklärt oder aktuelle Bezüge nicht verstanden werden. Dann kann die Arbeit an Karikaturen schnell frustrierend werden. Die kooperativen Lernformen sollen den Schülern einen Schonraum bieten sowie Zeit und Gelegenheit, bei gegenseitiger Unterstützung zu Lösungen zu gelangen, um auch schließlich Sicherheit für den späteren Vortrag der Ergebnisse zu gewinnen.

Ziele

- **Mit Bild-Text-Relationen umgehen**
- **Eine Meinung äußern und begründen**
- **Gruppenergebnisse anhand von Stichworten präsentieren (monologisches Sprechen)**
- **Rollen im Rahmen einer umfangreichen Gruppenarbeit üben und einhalten**

Material

- Anlagen 1–3 Karikaturen in DIN A4 und in DIN A6 (jede 4-mal)
- Plakate in gleicher Anzahl wie vorhandene Gruppen
- Eddings

Planungsverlauf

A 10 Min. Einstieg

Für den Einstieg gibt es zwei Möglichkeiten, je nachdem, ob die Klasse schon mit Karikaturen gearbeitet hat oder nicht.

1) Der Lehrer zeigt der Klasse ein Handy. Er erklärt der Klasse, dass er es gut findet, von überall telefonieren zu können. Er befragt die Klasse nach weiteren Vor- und Nachteilen von Handys und hält diese in einer Liste fest. Auf diese Weise bleibt der nächste Arbeitsschritt ungenannt.
2) Die Lehrkraft präsentiert eine Karikatur und gibt der Klasse ausreichend Zeit, diese zu betrachten. Er befragt die Klasse, was sie sieht, was diese Karikatur möglicherweise aussagen möchte und wie man dies begründen kann. Darüber sollen sich die Schüler in einem ersten Partnercheck kurz austauschen, bevor im Plenum diskutiert wird.

B 15 Min. Think-Pair-Share

Anlagen 1–3: Kleine Karikaturen (DIN A6)

Die Schüler erhalten nun jeder eine kleine Karikatur, wobei darauf geachtet werden soll, dass die Karikaturen in willkürlicher Reihenfolge verteilt werden. Sie dienen später zur Gruppenbildung nach dem Zufallssystem. Jeder Schüler ist nun aufgefordert, seine Karikatur zu beschreiben und eine Aussage dazu zu formulieren. Dies geschieht leise und in Einzelarbeit (der Nachbar hat ja eine andere Karikatur). Die Schüler machen sich Stichpunkte dazu.
Im nächsten Schritt werden die Schüler aufgefordert, einen Mitschüler mit derselben Karikatur zu finden. Die Schüler beschreiben sich nun gegenseitig ihre Karikatur mithilfe ihrer Notizen und besprechen kurz die Aussage. Fragen werden geklärt.
Als nächsten Schritt soll die Zweiergruppe eine weitere finden, die die gleiche Karikatur bearbeitet hat. Es findet erneut ein Abgleich statt. Die Gruppe einigt sich auf eine Aussage.

C 30 Min. Gruppenarbeit, Galeriegang

Anlagen 1–3: Karikaturen in DIN A4, Plakate, Eddings

Die Karikaturen im DIN-A4-Format werden auf die Plakate aufgeklebt, sodass ausreichend Platz für Kommentare unter der Karikatur ist. Die Plakate werden

an verschiedenen Stellen in der Klasse aufgehängt. Dies kann während der Think-Pair-Share-Phase geschehen.
Die Gruppen sollen sich nun an dem Plakat einfinden, welches ihre Karikatur zeigt. Sie schreiben ihren Kommentar möglichst in nur ein bis zwei Sätzen darunter. Auf ein Signal der Lehrkraft wandern die Gruppen nun im Uhrzeigersinn zum nächsten Plakat, betrachten die Karikatur und lesen die formulierte Aussage. Danach beenden sie den Satz *I agree/dissagree with this Caricature because …* Die Gruppe diskutiert ihre Antwort vor dem Plakat und schreibt sie dann darunter. Falls man am nächsten Plakat mit der Meinung der Vorgruppe übereinstimmt, kann man über ein zusätzliches Beispiel zur Veranschaulichung nachdenken.
Dies wird so lange fortgeführt, bis die Gruppen wieder an ihrer Ausgangskarikatur stehen.

D 10 Min. Präsentationen der Gruppen

Die Schüler fassen ihre die Antworten in einem kurzen Vortrag zusammen. Sie beginnen damit, die Karikatur kurz zu beschreiben und die Aussage zu nennen.
Der Vortragende sollte nach dem Zufallsprinzip (*Numbered heads together*) gewählt werden. Entsprechend sind alle motiviert mitzuarbeiten.
Auch beim Galeriegang empfiehlt es sich, die Rollenverteilung einer Gruppenarbeit beizubehalten, also einen *Watchdog*, einen *Timekeeper*, einen Gesprächsleiter, einen Schreiber. Wichtig auch hier, dass die gesamte Phase in der Zielsprache durchgeführt wird (*Watchdog!*).

E 10 Min. Hausaufgabe

Die Schüler machen sich zu den kurzen Präsentationen Notizen. Zu Hause beantworten sie die Frage *Modern technology! Curse or Blessing.* Sie sollen begründet dazu Stellung nehmen unter Berücksichtigung der Stundenergebnisse.

Modern technology – working with caricatures *Anlage 3*

"Honey, please don't talk to Daddy when he's in a chat room."

"Bye darling – don't forget to write – or phone us on: 01273 516819, or fax us at 01273 510044, or e-mail on: www.fairways.co.uk ..."

"Sorry, folks – it's not what you ordered, but everyone is getting spaghetti until we fix the computer"

The Perfect Match

Joachim Blombach

3–4 Unterrichtsstunden

Methodenkompetenz: Lesetechniken, Brainstorming, Editing techniques
Kooperatives Lernen: strukturierte Gruppenarbeit, Marktplatz

Kommunikation: dialogisches und monologisches Sprechen, Rollenspiel, Creative writing

Das Thema *love and relationship* wird in einem komplexen Lernarrangement aus unterschiedlichen Blickwinkeln bearbeitet. Zentraler Punkt dabei ist die Story *The Perfect Match* von Stephen Makler, die das Zustandekommen einer perfekten Beziehung durch eine Heiratsvermittlung mittels eines Computers mit einem überraschenden Ende schildert. Die Arbeit an dieser Geschichte bietet den Schülern unterschiedliche Möglichkeiten, sich mit der Thematik, was ist eine gute Beziehung, unter Einbeziehung ihrer eigenen Sichtweise und Erfahrungen auseinanderzusetzen.

Ziele

- **Den Wortschatz zu *love and relationship* anwenden**
- **Unterschiedliche Lesetechniken nutzen**
- **Einen literarischen Text analysieren**
- **Story mit einem *open end* weiterentwickeln**
- **Partner- und Gruppenarbeit in der Fremdsprache üben**
- **Rollenspiel vortragen**
- **Zu einer zentralen Frage schriftlich Stellung nehmen**

Material

- Anlagen 1 und 2 jeweils Klassensatz
- Softball
- Klebepunkte (drei pro Schüler)
- Schreibpapier

Planungsverlauf

A Brainstorming von Wortschatz

Nachdem der Lehrer zum Thema *Love* hingeführt hat, sollen die Schüler spontan Wortschatz benennen, der ihnen dazu einfällt. Der Lehrer sollte dabei das Brainstorming so steuern, dass er Oberbegriffe nennt, zu denen Schüler Unterbegriffe finden. Da ein wichtiger Teilaspekt dazu der Bereich *Describing people* ist, der vor allem für die weitere Arbeit bedeutsam ist, sollte dieser unbedingt behandelt werden (*appearance, character, qualities, hobbies* usw.). Dieses Brainstorming kann z.B. vom Unterrichtenden durch das so genannte *ball game* gesteuert werden. Der Lehrer nennt einen Oberbegriff (z.B. *appearance*). Er wirft dann einem sich meldenden Schüler einen kleinen und weichen Ball zu. Dieser nennt einen entsprechenden Begriff (z.B. *tall*) und wirft den Ball einem Mitschüler zu, der eine weitere Vokabel benennt (*short, ugly, handsome* ...). Dieser wiederum gibt den Ball an einen nächsten Schüler weiter. Wichtig ist, dass alle darauf achten, dass kein Begriff doppelt genannt wird und auch ggf. darauf hinweisen (*We had the word before!*). Dann nimmt der Lehrer den Ball wieder an sich und nennt einen neuen Oberbegriff usw.

B Strukturierung des Wortschatzes

Nachdem viele Wörter aus dem Wortfeld genannt wurden, soll jeder Schüler für sich eine Mindmap oder ein Network hiermit erstellen (Titel: *My ideal partner*) und ggf. neues Wortmaterial hinzufügen. Wichtig wäre hierbei vor allem auch, Wortfelder zu den Bereichen *appearance, character, qualities* zu finden. Diese könnten vom Lehrer auch als Oberbegriffe vorgegeben werden. Am Ende tauschen sich Schüler in 4er-Gruppen aus und ergänzen ihre Mindmaps bzw. Networks. Es kann auch eine Präsentation hierüber im Plenum erfolgen.

C My ideal Partner – Brainstorming

Mithilfe des zuvor reaktivierten Wortschatzes soll jeder Schüler stichwortartig, ggf. auch als Mindmap, seinen idealen Partner beschreiben.

D Austausch – Appointment und Präsentation

In der Lernform *Appointment* (vgl. S. 204) tauschen sich die Schüler untereinander aus, indem sie ihrem Mitschüler ihren jeweiligen *ideal partner* mündlich

beschreiben. Gleichzeitig hören sie sich die Versionen ihrer jeweiligen Partner an. Die Phase schließt damit, dass einige Schüler ihre Versionen dem Plenum vorstellen. Dabei sollen diejenigen vortragen, die nach Meinung der Interviewpartner besonders gelungene, interessante, witzige Beschreibungen gegeben haben.
Auf der Basis des bekannten Vokabulars und der Positivbeschreibungen des idealen Partners schreibt nun jeder ein Bild eines Anti-Partners. Diese Aufgabe macht den Schülern sehr viel Spaß, da sie hier ihrer Fantasie freien Lauf lassen können und zumeist witzige Bilder entstehen lassen. Als Nebeneffekt aktivieren sie Wortschatz aus dem Wortfeld, das in der Regel zur Beschreibung negativer Eigenschaften notwendig ist (also genau das Gegenteil dessen, was sie im Schritt zuvor getan haben).

E Vorstellung der Texte (1)

Die Vorstellung der Texte kann in unterschiedlicher Form erfolgen. Der traditionelle Weg, einige Schüler stellen ihre Texte freiwillig der Klasse vor, hat den Nachteil, dass nur wenige Texte Würdigung finden.
Besser wäre es, wenn z. B. alle Schüler der Klasse in Form eines Marktplatzes ihre Texte anderen Mitschülern vorlesen bzw. sie deren Texte hören. Diese Form hätte zudem den Vorteil, dass auch die schwächeren Schüler sich trauen, in einem Schonraum (also ohne Öffentlichkeit und vor allem nicht zwangsläufig vor dem Ohr des Lehrers) ihre Texte vorzulesen. Am Ende stellen einige Schüler ihre Versionen dem Plenum vor. Dabei können – wie schon oben vorgeschlagen – z. B. diejenigen vortragen, die nach Meinung der Interviewpartner besonders gelungene, interessante, witzige Beschreibungen gegeben haben.

F Lesen des Textes (1)

Anlage 1: Text (ohne den Schluss)

Im Folgenden erhält jeder Schüler den Text, den er intensiv liest. Einige Fragen zum Inhalt durch den Lehrer überprüfen und sichern anschließend das Textverständnis.

G Creative Writing

Material: Schreibpapier

Nach einem kurzen Unterrichtsgespräch wird noch einmal herausgearbeitet, dass sich die beiden Partner in nahezu allen Bereichen ähneln, womit der Text endet. Die Schüler wissen nicht und sollen auch noch nicht wissen, dass die Story an dieser Stelle noch nicht zu Ende ist. Der Lehrer bittet sie im nächsten Schritt, in Einzelarbeit zu spekulieren, wie die Geschichte des Paares weitergehen könnte. Jeder soll eine Weiterführung des Textes schreiben (z.B. *What will their lives be like ten years later. Describe*). Der Lehrer verweist an dieser Stelle ggf. noch einmal auf den sinnvollen Ablauf eines Schreibprozesses – nämlich zunächst Ideen zu sammeln, diese als Notizen niederzuschreiben und zu ordnen, um dann schließlich eine Weiterführung des Textes auf einem separaten Blatt Papier zu schreiben.

H Vorstellung der Texte (2)

Material: 3 Klebepunkte pro Schüler

Die Präsentation der Texte kann auch hier in unterschiedlicher Art und Weise erfolgen. Neben den oben genannten Ideen ließe sich eine „Lesewerkstatt" einrichten. Das bedeutet, alle Texte werden ohne Namen der Verfasser, jedoch nummeriert, im Klassenraum an den Wänden aufgehängt. Anschließend hat jeder Schüler Zeit, durch den Raum zu gehen und die Texte in Ruhe zu lesen. Dabei haben sie den Auftrag, die Zahlen von drei Texten, die ihnen besonders gut gefallen, zu notieren.
Eine alternatives Vorgehen besteht darin, dass sie die drei ihrer Meinung nach interessantesten Texte mit je einem Klebepunkt versehen. Die Texte, die die meisten Punkte erhalten haben, werden dann noch einmal vorgelesen.

I Lesen (2)

Anlage 2: Text (Schluss)

Der Lehrer teilt der Klasse nun mit, dass die Kurzgeschichte noch nicht zu Ende war, sondern dass er ihnen den tatsächlichen Schluss vorenthalten hatte. Er teilt diesen zum Lesen aus. Die Motivation und Spannung, nun den „echten" Schluss vor dem Hintergrund des selbst erstellten Textes zu lesen, ist entsprechend hoch.

J Unterrichtsgespräch

Die Schüler äußern sich spontan zum „echten" Schluss auch vor dem Hintergrund ihrer eigenen Texte. Im Folgenden wird der Text im Unterrichtsgespräch sprachlich und inhaltlich gemeinsam analysiert. Die Schüler kommentieren den überraschenden Schluss und nehmen Stellung. Daran schließt sich auch eine Diskussion über die Frage an, welche Volksweisheit ihrer Meinung nach eher zutreffend sei: „Gleich und gleich gesellt sind gern" (*Birds of a feather flock together*) oder „Gegensätze ziehen sich an" (*Opposites attract*).

K Rollenspiel (Transfer)

Die Schüler werden in Partnergruppen aufgeteilt. Dann sollen sie sich gemeinsam überlegen, wie das Gespräch von Frank bei seinem Scheidungsanwalt verlaufen würde. Dazu nutzen sie die Informationen aus dem Text und die aus dem zuvor durchgeführten Unterrichtsgespräch. Selbstverständlich können und sollen sie noch weitere Ideen einbringen.
Dann schreiben sie ihre Ideen als Notizen auf, die sie den jeweiligen Rollen zuordnen. Mithilfe dieser Notizen üben sie intensiv ihr Rollenspiel ein. Dabei geht es nicht nur um sprachliche Flüssigkeit, sondern auch um gesprächsrelevante Aspekte wie Mimik, Gestik, Lautstärke, Sprechtempo.

L Feedback

Im Anschluss an eine intensive Übungsphase, in dem auch der Lehrer beratend zur Seite stehen kann, führen einige Paargruppen ihre Rollenspiele vor der Klasse vor. Diese liefert den Akteuren eine entsprechende Rückmeldung einschließlich Verbesserungsvorschläge.

M Schreiben – Commenting

Als abschließende Aufgabe sollen die Schüler schriftlich Stellung zu den beiden Sprichwörtern *Birds of a feather flock together* und *Opposites attract* im Sinne eines Kommentars nehmen.

N Reflexion

Am Ende einer solchen komplexen Aufgabenstellung, in der unterschiedlichste Kompetenzen von den Schülern gefordert wurden, bietet sich eine gemeinsame Reflexion an (vgl. S. 118).

The Perfect Match – End of Story

Alice and I have been married for nine years now. We have the three kids already, two boys and a girl. We live in the suburbs and listen to a lot of classical and Frankie Laine records.

The last time we had an argument is too far back to remember. We agree on practically everything. She's been a good wife and, if I may say so, I've been a good husband.

Our marriage is perfect. We're getting divorced next month. I can't stand it.

Stephen Makler

Kooperative Lernformen – eine Zusammenstellung

Joachim Blombach

Die kooperativen Lernformen sind Bestandteil unseres Curriculums Lernkompetenz und methodisch in die Bausteine integriert. Die vorliegende Sammlung erhebt in keiner Form Anspruch auf Vollständigkeit. Im Gegenteil, neben den hier vorgestellten Methoden gibt es viele weitere effektive und interessante kooperative Lernformen, die in diversen Publikationen zu dieser Thematik zu finden sind. Die hier dargestellten kooperativen Lernmethoden basieren in erster Linie auf Ideen von Johnson/Johnson und Kagan. Eine Reihe von Methoden sind vor allem durch Norm Green auf unterschiedlichsten Fortbildungsveranstaltungen vorgestellt und durch diesen auch in Deutschland im Kontext des Ansatzes des *cooperative learning* bekannt gemacht worden.

A-B-Methode

Was: Kombination aus EA-PA-GA; Besonders geeignet, um Schülerinnen und Schüler während und nach Vortragsphasen durch Lehrer (oder Schüler selbst) zu konzentrierter Aufnahme von Informationen zu führen.

Wie:

1. Lehrer weist darauf hin, dass Schüler während seiner folgenden Darbietung zuhören (und Notizen machen).
2. Darbietung/Vortrag durch Lehrer.
3. Schüler erhalten das Arbeitsblatt und füllen es stichwortartig (Notizen) in EA aus.
4. PA: Darbietung der Ergebnisse zunächst nur von Frage 1 in Form aktiven Zuhörens: Schüler A erläutert Schüler B seine Erkenntnisse. Schüler B hört zu und gibt mit seinen eigenen Worten wieder, was er von Schüler A verstanden hat. A bestätigt oder korrigiert.
5. Wie 4, nur umgekehrt.
6. A und B erläutern sich gegenseitig, was sie jeweils nicht verstanden haben bzw. was ihnen unklar geblieben ist. Dabei versuchen sie miteinander die Antworten zu finden/Unklarheiten zu beseitigen. Fragen, die sie nicht gemeinsam lösen können, werden festgehalten. Dabei spricht A zu Frage 2, B hilft bei der Lösung der Fragen, danach umgekehrt.

7. Zwei bis drei Partnerpaare arbeiten nun zusammen. 1. Schritt: Ein Gruppenmitglied fasst zunächst die wichtigsten Ergebnisse/ Erkenntnisse zusammen. Die anderen ergänzen bzw. korrigieren, wenn nötig. 2. Schritt: Die noch offenen Fragen werden gemeinsam geklärt/beantwortet. Nicht durch die Gruppe zu beantwortende Fragen werden für die folgende Plenumsrunde festgehalten.
8. Plenum: Die in den Gruppen noch nicht geklärten Fragen werden vorgetragen und vom Lehrer oder von anderen Gruppen beantwortet.

Vorteile:
- aktiver Umgang mit/bei frontalen Vortragsphasen;
- mehrfaches (und mehrkanaliges – durch Schreiben, Hören, Erzählen) Umwälzen komprimierter Inhalte;
- Notizen machen während eines Vortrags (Methodentraining);
- aktives Zuhören, präzises Erläutern von Sachverhalten, Versprachlichung von Notizen, gemeinsames Lösen von Problemen (Kommunikationstraining);
- Verbesserungen/Ergänzungen durch die Mitschüler werden eher akzeptiert als eine Korrektur durch den Lehrer.

Anwendung: Lehrervortrag; Referate durch Schüler; Gruppenpräsentationen, Erarbeitung von Filmsequenzen in allen Fächern

Variante: Auslassen von Schritt 6 und 7

A-B-Methode

1. **Was ist mir durch den Vortrag bisher klar geworden?**
2. **Welche Aspekte sind noch nicht deutlich?**
   Folgende Fragen habe ich noch:

Ausstellung (engl. Exhibition)

Was: Form von Gruppenpräsentation bei arbeitsteiligen Gruppen. Wie:

1. Die Klasse wird in Gruppen eingeteilt; die Gruppen sollten möglichst gleich groß sein. Nach der arbeitsteiligen Bearbeitung einer Aufgabe wird das Ergebnis dokumentiert (Grafik/Mindmap/Thesen usw.) auf Tischen ausgelegt oder an die Klassenwand gehängt.
2. Die Gruppenmitglieder erhalten eine Nummer (z.B. 1–5) bei (z.B. 5 Tischen) nach Anzahl der Gruppen.

3. Alle Schüler mit Nummer 1 treffen sich an Tisch 1, alle mit der Nummer 2 treffen sich an Tisch 2, usw.
4. Auf jedem Tisch liegt ein anderes Gruppenprodukt. Der Schüler, der an der Erstellung des Produktes beteiligt war, erklärt dem Rest der neuen Gruppe das Ergebnis (wie, was, warum usw.). Die zuhörenden Schüler stellen Fragen bzw. machen sich Notizen.
5. Die Gruppen wechseln nach einer vom Lehrer vorgegebenen Zeit zum nächsten Tisch. Das neue Plakat auf dem Tisch wird nun von dem Gruppenmitglied erläutert, das an der Erstellung beteiligt war.
6. Der Rundgang endet dann, wenn allen Gruppen alle Plakate erklärt wurden und jeder einmal das Produkt seiner Gruppe erklärt hat. Hier kann eine gemeinsame Reflexion erfolgen, an welcher Station etwas besonders interessant/bereichernd/ergänzenswert war.
7. Zum Schluss kann eine Sicherung der wichtigsten Ergebnisse im Plenum erfolgen.

Vorteile:
- Jeder Schüler muss den Inhalt seiner Gruppenarbeit präsentieren, d.h., die individuelle Verantwortung für das Ergebnis der eigenen Gruppe wird gefördert;
- hoher Grad an Identifikation mit der Gruppe bzw. dem Gruppenergebnis

Doppelstuhlkreis (und Identitätskarte)
(engl. double circle and identity card)

***Drei Adjektive, die dich beschreiben**		**Drei Dinge, die du gut kannst**
	Name	
Was ist dein Traumberuf? Warum?		**Was sind die Voraussetzungen für diesen Beruf?**

*Die Impulse sind exemplarisch und variieren nach Thema und Alter der Schüler

Was: Zum Informations-/oder auch Meinungsaustausch mit nach dem Zufallsprinzip wechselnden Partnern

Wie: 1. Einzelarbeit (stichwortartiges Ausfüllen der Identitätskarte)

2. Doppelstuhlkreis: In der Klasse wird ein Stuhlkreis aus sich gegenüberstehenden Stühlen gebildet. Die Schüler sitzen sich paarweise gegenüber (Außenkreis und Innenkreis). Sie tauschen ihre Informationen gegenseitig aus.
3. Wechsel: Auf Zeichen des Lehrers rücken alle Schüler des Innenkreises z. B. um drei Stühle nach rechts weiter. Erneuter Austausch mit dem neuen Partner.
4. Nach einer vom Lehrer zu bestimmenden Zeit wechseln die Partner erneut, indem z.B nun der Außenkreis um zwei Stühle nach rechts rutscht. Erneuter Austausch. Diese Wechsel können mehrfach wiederholt werden. Tipp: aus Motivationsgründen maximal 3–4 Wechsel.
5. Variante zu Schritt 4. Nach dem Wechsel notiert sich jeder Partner die Meinungen/Informationen seines Gegenübers.
6. Erneuter Wechsel: z. B. rücken alle Schüler des Außenkreises zwei Stühle nach rechts. Informationsaustausch: Dieses Mal werden die Informationen weitergegeben, die ich über meinen vorhergehenden Partner erhalten habe.

Variante: Innen- und Außenkreis erhalten unterschiedliche Teilinformationen zu einem Thema. In Einzelarbeit werden diese Informationen erarbeitet und stichwortartig notiert. In den verschiedenen Schritten des Doppelstuhlkreises tauschen die Schüler ihre Informationen aus, ergänzen ihre Notizen und verifizieren ihr Verständnis.

Vorteile:
- alle sind beteiligt;
- Notizen machen; Notizen versprachlichen;
- aktives Zuhören, korrekte Wiedergabe von Informationen (Kommunikationstraining)

Galeriegang

Wann: Zur bzw. bei der Auseinandersetzung mit verschiedenen Fragen/ Thesen zu einer bestimmten komplexen Thematik

Wie: DIN-A2-Bögen werden der Anzahl der teilnehmenden Gruppen entsprechend im Raum verteilt aufgehängt. Jeder Bogen und jede Gruppe erhält eine Nummer. Auf jedem Bogen steht eine Frage, ein (provokatives) Statement, eine Karikatur usw.

1. Jede Gruppe steht vor „ihrem“ Bogen und hat einige Minuten Zeit, sich zum jeweiligen Impuls auszutauschen mit dem Ziel, eine kurze Antwort, einen Gedanken, eine Bildunterschrift usw. zu finden und mit einem Eddingstift zu notieren.

2. Auf Kommando wechselt jede Gruppe zum nächsten Poster, diskutiert den nächsten Impuls unter Einbeziehung der von der/den Vorgruppe/n notierten Ideen.
3. Am Ende steht jede Gruppe vor „ihrem“ Ausgangsposter. Die Gruppenmitglieder beziehen die ergänzenden Ideen in ihre Ursprungsdiskussion mit ein.
4. Zusammenfassende Vorstellung der jeweiligen Endergebnisse.

Vorteil: Intensive Auseinandersetzung mit unterschiedlichen Aspekten eines Themas

Graffiti-Methode (engl. Rotation)

Was: Form des Gruppen-Brainstormings

Wie:
1. Gruppeneinteilung, jede Gruppe steht an einem Tisch, auf dem je ein großer Bogen Papier ausliegt. Auf jedem Bogen steht eine Frage oder ein Impuls zu einem übergreifenden Thema.
2. Jedes Gruppenmitglied schreibt individuell seine eigenen Gedanken, ohne dabei auf die anderen zu achten. Es wird dabei nicht gesprochen.
3. Nach einer vorgegebenen Zeit wechseln die Gruppen zum nächsten Tisch und notieren dort ihre Ideen.
4. Wenn die Gruppe wieder an ihrem Ausgangstisch ankommt, ordnet sie die unterschiedlichen Ideen und präsentiert sie später in Form eines neuen Plakates/einer Folie in der Klasse.

Vorteil: Beteiligung aller Schüler; große Sammlung von unterschiedlichsten Ideen zu einem Thema; Übung, Ideen (für eine Präsentation) zu strukturieren

(Nach Graham Gibbs)

Gruppenpuzzle oder Expertenrunde

Was: Arbeitsteilige Gruppenarbeit mit anschließendem Austausch zur Erarbeitung neuer differenzierter Inhalte

Wie:
1. Klasse wird in gleich große Gruppen aufgeteilt, wobei die Menge der Gruppen der Anzahl der Gruppenmitglieder möglichst entsprechen sollte. Diese *Stammgruppen* (Gruppe A, Gruppe B, ...) erhalten unterschiedliche Teilaufgaben.
2. Zunächst bearbeiten die Schüler ihre Aufgabe in Einzelarbeit, um anschließend die wichtigsten Aspekte der Aufgabe noch einmal gemeinsam innerhalb ihrer themengleichen Stammgruppe zu diskutieren. Das Wichtigste wird von jedem Einzelnen fest-

gehalten, um es später weitergeben zu können. Wichtig: Jedes Gruppenmitglied sollte zum Schluss über den gleichen Wissensstand verfügen.

3. In jeder Gruppe wird jedem Gruppenmitglied eine Zahl zugeordnet (A1 – A2 – A3 usw., B1 – B2 – B3 usw., C1 – C2 – C3).
4. Die Gruppenergebnisse der Stammgruppen werden nun untereinander ausgetauscht. Dafür werden neue Gruppen, sog. *Expertengruppen* gebildet.

A1 + B1 + C1 usw.; A2 + B2 + C2 usw.; A3 + B3 + C3 usw.

In den Expertengruppen stellen sich die Schüler die Ergebnisse der jeweiligen Stammgruppe gegenseitig vor. Jeder macht sich Notizen zu den Themen/Aufgaben der anderen Gruppen. Am Ende weiß jeder über alle Teilaufgaben Bescheid.

5. Rückkehr in die Stammgruppen. Gemeinsames gründliches Abgleichen und Zusammenfassung der Ergebnisse.
6. a) Auswertung der Ergebnisse in einem offenen Klassengespräch
   oder alternativ
   b) individueller Test für alle Schüler, der alle Expertenthemen umfasst.
   Die Werte jedes Einzelnen in der Gruppe werden zu einem Gruppenwert zusammengefasst und offen dokumentiert. So wird der Erfolg der Zusammenarbeit für alle Schüler sichtbar.

Vorteil: Jeder Schüler ist sowohl in der Rolle des Lernenden als auch des Lehrenden. Prinzipien der *individuellen Verantwortung* für die Gruppe und die *Gruppenbelohnung* werden berücksichtigt.

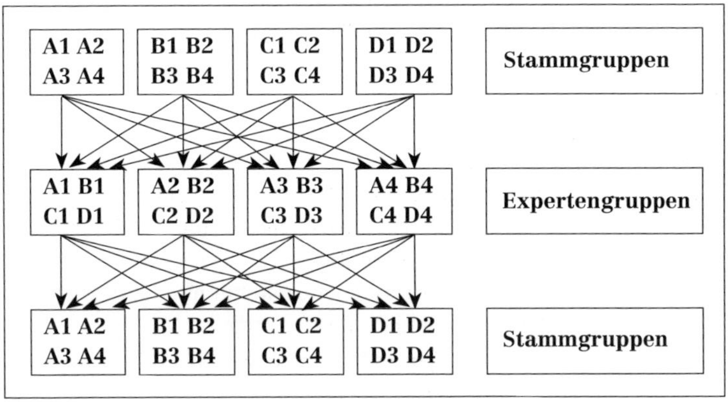

Gruppenrallye

Was: Methode vor allem zum Üben, Wiederholen, Einprägen von Inhalten

Wie:
1. Nachdem neue Inhalte im Plenum eingeführt oder wiederholt worden sind, wird die Klasse in Gruppen eingeteilt.
2. Die Inhalte werden nun in der Gruppe systematisch geübt. Die Aufgabe ist dann gelöst, wenn alle Schüler in der Gruppe die Aufgaben möglichst fehlerfrei beherrschen. Während dieses Prozesses unterstützen sich die Gruppenmitglieder durch Erklärung, Wiederholung usw.
3. Individuelle Leistungsüberprüfung ohne gegenseitige Hilfe. Die Werte jedes Einzelnen in der Gruppe werden zu einem Gruppenwert zusammengefasst und offen dokumentiert. So wird der Erfolg der Zusammenarbeit für alle Schüler sichtbar.

Vorteil: Jeder Schüler ist sowohl in der Rolle des Lernenden als auch des Lehrenden. Prinzipien der *individuellen Verantwortung* für die Gruppe und die *Gruppenbelohnung* werden berücksichtigt.

Marktplatz (engl. whole class activity)

Was: Jeder Schüler bewegt sich frei im Klassenraum, um mit unterschiedlichen Schülern zu einem gestellten Problem zusammenzuarbeiten.

Wie:
1. Der Lehrer stellt eine Aufgabe und fordert die Schüler auf, sich in einer kurzen vorgegebenen Zeit mit einem anderen Schüler in der Klasse darüber auseinander zu setzen. Nach kurzer Zeit (z.B. auf Lehrerimpuls) sucht sich jeder einen neuen Partner. Je nach Aufgabentyp machen sich die Schüler dabei Notizen.
2. Auswertung der unter 1. gefundenen Erkenntnisse im Plenum, in Partnerarbeit oder in Gruppenarbeit

Vorteil: Alle Schüler sind beteiligt und werden zum Nachdenken/zur Auseinandersetzung mit den Lerninhalten veranlasst.

Partnercheck (einfach)

Wann: nach Lehrerimpuls, -fragen, vor der Hausaufgabenkontrolle

Wie: gemeinsame Überlegung/Antwort mit dem Partner absprechen, bevor Schüler sich melden

Vorteile:
- Alle Schüler werden zum Nachdenken/zur Auseinandersetzung mit den Lerninhalten gezwungen
- gibt Sicherheit, bevor man sich meldet (und trägt zum Abbau von Ängsten bei)

- größere Aktivität im anschließenden Frontalunterricht
- schnell und flexibel einzusetzen
- Durchbrechen frontaler Unterrichtsphasen

Variante: Murmelgruppe

Wann: nach Lehrervortrag, Lektürearbeit, Stillarbeit, Film usw.

Wie: Lehrer fordert Schüler auf, sich mit ein bis zwei Mitschülern zusammenzusetzen und sich leise zu besprechen (= murmeln). Was finde ich wichtig? Was habe ich noch nicht verstanden? usw.

Vorteil:
- wie bei Partnercheck
- schnell und flexibel bei jeder Sitzordnung einsetzbar an unterschiedlichsten Stellen im Unterricht

Numbered-Heads-Together

Was: Förderung des gemeinsamen Lernens in Gruppenarbeitsphasen durch die Einbindung des Zufallsprinzips für die anschließende Präsentation

Wie:
1. Lehrer gibt jedem in der Vierergruppe eine Zahl (1–4) oder die Schüler geben sich die Zahl selbst.
2. Lehrer stellt Frage, gibt Impuls, alle in Gruppe „stecken die Köpfe zusammen“, tauschen sich aus, um sicherzustellen, dass jeder in der Gruppe die Antwort kennt.
3. Lehrer nennt eine Nummer und die Schüler mit dieser Nummer geben die Antwort.

Vorteile:
- alle sind beteiligt
- gegenseitiges Unterstützen, da jeder in der Gruppe am Ende vor dem Plenum berichten können muss
- alle müssen alles verstanden haben
- schnell, ohne großen Aufwand durchführbar

(Brainstorming mit) One stay, three stray

Was: Methode des Gruppen-Brainstorming bei arbeitsgleichen Themen

Material: Posterpapier, Post-Its (o.Ä.), Eddings

Wie:
1. Einteilung der Klasse in 4er-Gruppen (oder 5er-Gruppen)
2. a) Nach Erläuterung des Themas durch den Lehrer schreibt jedes Gruppenmitglied jeweils einen Gedanken auf ein Post-It und klebt es auf das Poster. Dabei wird nicht gesprochen und auch nicht auf die Post-Its der anderen Mitschüler geschaut.

2. b) Um den Gedankenfluss der Gruppenmitglieder untereinander zu intensivieren, werden nach einigen Minuten auf Hinweis des Lehrers die niedergeschriebenen Gedanken laut ausgesprochen und dann aufgeklebt. (*write it – say it – put it on the paper*). Wichtig: Es findet dabei kein Gespräch untereinander statt.
3. Strukturieren/Clustern: Nach Ende der Brainstormingphase ordnen und strukturieren die Gruppenmitglieder ihre Post-Its zu Clustern und versehen sie mit Überschriften.
4. In der Gruppe wird nach Zufallsprinzip bestimmt, wer die bisher gefundenen Ergebnisse den Mitgliedern der anderen Gruppen präsentiert. Der Präsentator bleibt am Platz, während die restlichen Gruppenmitglieder „ausschwärmen“ und sich von den anderen Gruppen deren Ergebnisse erläutern lassen. Dabei dürfen sie Fragen stellen und auch neue Ideen „mitnehmen“.
5. Die Gruppen finden sich wieder an ihrem Platz ein und ergänzen/verändern ihre bisherigen Ergebnisse unter Einbeziehung der neu gefundenen Ideen.
6. Die Gruppen bereiten gemeinsam eine Präsentation der Ergebnisse vor (z.B. als Mindmap, die nur Symbole beinhaltet; als Wandzeitung, Rollenspiel, „normale“ Mindmap usw.)
7. Präsentation der Gruppenergebnisse (Hinweis: Inhaltlich sind die Gruppenergebnisse recht ähnlich, denn es gab einen Austausch zwischen den Gruppen. Die Art der Präsentation kann jedoch sehr individuell und kreativ sein.)

Vorteile:
- Alle Schüler sind beteiligt;
- kein konkurrierendes Lernen, da man Ideen der „anderen“ mit in die eigene Ideensammlung und damit in die spätere Präsentation aufnehmen kann;
- intensive Übung freien Sprechens vor allem während der Strukturierungsphase, Argumentationstechniken (Kommunikationskompetenz);
- Notizen machen, Brainstorming, Strukturieren, Präsentationstechniken (Methodenkompetenz)

Placemat Activity

Was: individuelles Brainstorming mit anschließender Einigung/ Schwerpunktsetzung/Hierarchisierung der Ideen in der Gruppe

Wie:
1. Auf jedem Tisch liegt für eine Vierergruppe folgendes „Placemat“ (Tischunterlage) vor in Größe DIN A2, oder auch DIN A3.

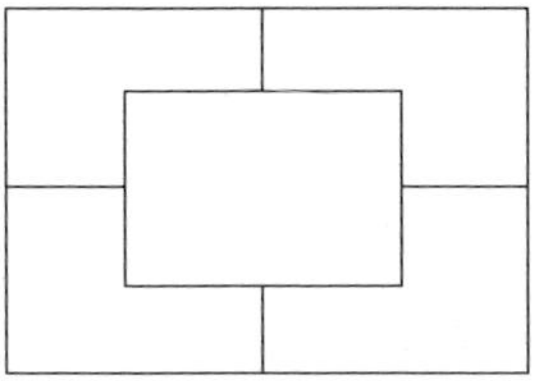

2. In Einzelarbeit trägt jeder in der Gruppe seine Ideen außen auf dem Plakat, Meinungen, Ergebnisse usw. in ein ihm zugeordnetes Feld ein (z. B. „Was sind die Merkmale einer guten Schule?“). Wichtig: Es wird in dieser Zeit nicht miteinander kommuniziert. Auch sollte nicht auf das Feld des Nachbarn geschaut werden. Tipp: Jeder schreibt nur mit Kugelschreiber.
3. Gruppenarbeit (z. B. der Älteste, der Jüngste, der Größte, derjenige, der als Erster im Jahr/als Nächster Geburtstag hat usw.) übernimmt die Gesprächsleitung.
   a) Jeder stellt reihum seine Ergebnisse vor. Rückfragen sind zugelassen, jedoch keine Diskussion/Bewertung, bevor nicht alle ihre Beiträge vorgestellt haben.
   b) Gemeinsame Diskussion, um zu einem Gruppenergebnis zu kommen. Das gemeinsame Ergebnis, z. B. die 5 wichtigsten Aspekte/Gründe/Ideen, wird im mittleren Feld (gut sichtbar, d. h. mit Edding-Stift) notiert.
4. Das Placemat wird an der Wand aufgehängt. Die Gruppensprecher stellen kurz das Ergebnis mit Begründung vor.
5. Klassenergebnis aus allen Placemats herausarbeiten.

Vorteile:
- Alle werden zur Auseinandersetzung mit der Thematik aufgefordert;
- Kommunikationstraining (Argumente vortragen, Einwände geben, Zuhören usw.)
- Man erhält ein Meinungsbild (mit Schwerpunkten) aus der ganzen Klasse;
- Jeder kommt mit seiner Meinung/seinen Ideen zu Wort.

Variante: bei größeren Gruppen: Einteilung in 5–6 Teile

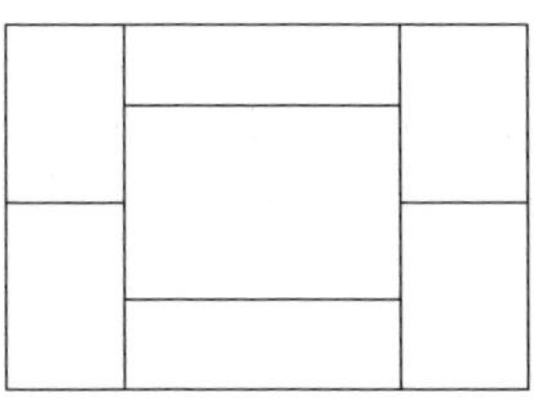

Think-Pair-Share

Wann: In allen Situationen, in denen Schüler einen komplexeren Beitrag leisten müssen

Wie:
1. Nach Lehrerimpuls denkt jeder Schüler zunächst einzeln über eine Lösung nach (macht sich gegebenenfalls Notizen dazu).
2. Paarbildung auf Lehrerhinweis; Diskussion/Vergleich der jeweiligen Antworten, (Ergänzung der eigenen Aufzeichnungen).
3. Zwei Paare bilden eine Vierergruppe; Besprechung der Gedanken in dieser Gruppe (eventuell erneute Vervollständigung der Notizen).

Vorteile: Beteiligung aller Schüler; breites Meinungsfeld; Förderung der Team- und Kommunikationskompetenz; schnelle und leichte Einsetzbarkeit im Unterricht; Aufbrechen des Frontalunterrichts

Verabredung (engl. appointment)

Was: gesteuerte Form von wechselnder Partnerarbeit

Wie:
1. Jeder Schüler fertigt einen Zettel mit 4 Uhrzeiten an (s. unten).
2. Für jede Uhrzeit sucht sich jeder Schüler einen Partner und trägt dessen Namen ein. Wichtig: Man kann sich mit jedem nur einmal verabreden. Tipp: Das Suchen der Partner sollte unter einem entsprechenden Zeitdruck geschehen, damit sich Schüler nicht ihre „Lieblingsmitschüler“ auswählen können.
3. Auftrag/Impuls durch den Lehrer.
4. Auf Hinweis, mit welchem Partner man sich als Erstes treffen soll („Treffe dich mit deinem 10 Uhr-Partner!“), geht jeder Schüler zu seiner ersten Verabredung und löst gemeinsam mit dieser Person die Aufgabe/das Problem, wenn nötig werden dabei Notizen gemacht.
5. Nach einer festgelegten Zeit (meist auf Zeichen des Lehrers) wechseln die Partner und gehen zu ihrer nächsten Verabredung. Mit dem neuen Partner kann a) das gerade bearbeitete Thema oder die gelöste Aufgabe noch einmal verglichen/besprochen werden oder b) eine neue Aufgabe in Angriff genommen werden.
6. Dies erfolgt so lange, bis alle Verabredungen durchgeführt sind. Tipp: Um den Ablauf nicht absehbar und schematisch laufen zu lassen, ist es ratsam, die Uhrzeiten nicht in der Reihenfolge zu nennen oder eine Verabredung ganz auszulassen.

Vorteil: Kooperatives Bearbeiten unterschiedlichster Aufgabenstellungen mit wechselnden Partnern.

6 Uhr	______________________
8 Uhr	______________________
10 Uhr	______________________
12 Uhr	______________________

Vier Ecken

Wann: Bearbeitung eines übergreifenden Themas unter vier verschiedenen Gesichtspunkten

Wie: Nach Benennung eines übergreifenden Themas werden vier thematische Unterpunkte bzw. Perspektiven desselben Themas genannt, die jeweils einer Ecke des Klassenraums zugeordnet werden und dort als Stichwort notiert und ausgehängt sind.

Wie:
1. Nach Erläuterung der vier unterschiedlichen Gesichtspunkte denkt jeder Schüler in Einzelarbeit über seine Präferenz nach und macht sich dazu Notizen.
2. Auf Lehrerimpuls hin ordnet sich jeder seiner „Lieblingsecke" zu. Hinweis: Die Gruppengrößen können hier sehr variieren.
3. In den jeweiligen Ecken erfolgt ein Austausch in den Gruppen darüber, warum man diese Variante gewählt hat. Ergänzung der Ergebnisse durch Austausch; gemeinsames Ergebnis wird vorgetragen.
4. Jeder muss sich auf Kommando einer anderen Ecke zuordnen – gegebenenfalls sogar der Variante, der er am wenigsten zustimmen würde (Perspektivenwechsel); erneuter Austausch
5. Vortrag der Ergebnisse und Reflexion darüber, ob sich die ursprüngliche Meinung/Präferenz durch den Perspektivenwechsel und den Austausch darüber verändert hat.

Vorteile:
- Integration komplexer Themen;
- Übung zur Entscheidungsfindung;
- Förderung alternativer Denkstrukturen durch Perspektivenwechsel;
- Förderung, eigene Standpunkte zu begründen

Trade-A-Problem (Ein Problem gemeinsam teilen und lösen)

Was: Beteiligung möglichst vieler Schüler an der Lösung eines oder mehrerer Probleme

Wie:
1. Einteilung der Klasse in mehrere Gruppen: Jede Gruppe formuliert eine Problemfrage zu einem zuvor ausgewählten Bereich und schreibt sie auf das Arbeitsblatt.
2. Das Arbeitsblatt wird im Uhrzeigersinn an die nächste Gruppe gereicht, die sich nun mit dem Problem auseinander setzt und nach entsprechenden Lösungen sucht. Die Lösungsmöglichkeiten werden auf dem AB notiert.
3. Das Blatt wird nun so lange in derselben Form und mit demselben Auftrag an die nächsten Gruppen weitergereicht, bis es wieder bei der Ursprungsgruppe angekommen ist.
4. Die Ursprungsgruppe diskutiert die Lösungsvorschläge und führt sie zu einer Gesamtlösung zusammen.
5. Die einzelnen Gruppen erläutern nun ihre gefundenen Lösungen und stellen sie dem Rest der Klasse zur Verfügung.

Problemstellung ____________________

Antwort Gr. 1	**Antwort Gr. 2**
____________________ ____________________	____________________ ____________________
Antwort Gr. 3 ____________________ ____________________	**Antwort Gr. 4** ____________________ ____________________

Optimale Problemlösung ____________________

Vorteil: Nutzung der Stärken, Fähigkeiten und Ideen aller Schüler zur Erzielung eines guten bzw. optimalen Ergebnisses

Literaturhinweise

Arendt, Manfred: Aktives Sprachenlernen durch den Einsatz erprobter Unterrichtsverfahren (3). In: PRAXIS Fremdsprachenunterricht (2004), Heft 2

Black, Colin/Butzkamm, Wolfgang: Sprachbezogene und mitteilungsbezogene Kommunikation im Englischunterricht. In: Praxis des fremdsprachlichen Unterrichts (1977), Heft 2

Blombach, Joachim: Entwicklung von Methodenkompetenz im Englischunterricht. In: English G. News 1/2007

Blombach, Joachim: Kooperatives Lernen im Englischunterricht (Teil 1) In: English G News, (2008) Heft 2, S. 8–11

Blombach, Joachim: Lernkompetenzen aufbauen, In: PÄDAGOGIK, Heft 5/2003

Blombach, Joachim: Systematische Unterrichtsentwicklung mit Hilfe eines fächerübergreifenden schulinternen Curriculums „Lernkompetenz" – Das „Engeraner Modell". In: Höfer/Madelung (Hrsg.) Lehren und Lernen für die Zukunft. Troisdorf (2008), S. 24–30

Blombach, Joachim: Wege zum selbst gesteuerten Lernen gut steuern! – Unterrichtsentwicklung am Beispiel der Realschule Enger. In: Schulleitung und Schulentwicklung, Heft 30/2006, E.2.22, S. 1–19

Bludau, Michael: Editing – der weiße Fleck auf der fachdidaktischen Landkarte. In: Fremdsprachenunterricht (2002), Heft 2

Brüning, Ludger/Saum, Tobias: Erfolgreich unterrichten durch Kooperatives Lernen. Essen 2007 (3. Auflage)

Brüning, Ludger/Saum, Tobias: Erfolgreich unterrichten durch Visualisieren. Essen 2007

Czerwanski, Annette/Grieser, Doris/Solzbacher, Claudia/Vollstädt, Witlof (Hrsg.): Förderung von Lernkompetenz in der Schule – Band 2: Praxisbeispiele und Materialien, Gütersloh 2004

Czerwanski, Annette/Solzbacher, Claudia/Vollstädt, Witlof (Hrsg.): Förderung von Lernkompetenz in der Schule – Band 1: Recherche und Empfehlungen, Gütersloh 2002

Dengler, Helmut: Activity Sheets zu EG 2000. Cornelsen, Berlin 2004

Dengler, Helmut: Arbeitsmaterialien zu EG 2000 und EG 21. Selbstverlag

Fleischhack, Erich/Schwarz, Helmut: Cornelsen English Grammar, große Ausgabe. Cornelsen Berlin 2001

Green, Norm/Heckt, D. H.: Was ist Kooperatives Lernen? In: Grundschule, Heft 12/2000

Green, Norm: Kooperatives Lernen im Klassenraum und im Kollegium. Kallmeyer Verlag, Seelze 2005

GREVING, JOHANNES/PARADIES, LIANE: Unterrichts-Einstiege. Ein Studien- und Praxisbuch. 5. Aufl., Cornelsen Scriptor, Berlin 2005
HEUERMANN, ALFONS/KRÜTZKAMP, MARITA: Selbst-, Methoden- und Sozialkompetenz, Berlin 2003
HÖFER, CHRISTOPH (Hrsg.): Unterrichtsentwicklung im Projekt „Schule & Co", Gütersloh 2002
HOLTWISCH, HERBERT: Mind Maps und ihre Verwendung im Fremdsprachenunterricht. In: Fremdsprachenunterricht (2002), Heft 2
HORSTER, LEONARD/ROLFF, HANS-GÜNTERO: Unterrichtsentwicklung. Beltz, Weinheim und Basel 2001, S. 99
HUGENSCHMIDT, BETTINA/TECHNAU, ANNE: Methoden schnell zur Hand. Klett, Stuttgart 2002
KLIPPERT, HEINZ: Methodentraining, Beltz. Weinheim/Basel 1996
KONRAD, KLAUS/TRAUB, SILKE: Kooperatives Lernen. Schneider Verlag, Hohengehren 2001
LANDESINSTITUT FÜR SCHULE UND WEITERBILDUNG (Hrsg.): Was ist guter Fachunterricht? Beiträge zur fachwissenschaftlichen Diskussion. 2. Aufl., Soest 2002
MEYER, HILBERT: Was ist guter Unterricht? 2. Aufl., Cornelsen Scriptor, Berlin 2005
MIEHE, KIRSTEN/MIEHE, SVEN O.: Praxishandbuch Cooperative Learning. Effektives Lernen im Team. Verlag für kooperatives Lernen, 2. Aufl. 2005
PARADIES, LIANE ET AL.: Diagnostizieren, Fordern und Fördern. Cornelsen Scriptor, Berlin 2007
PARADIES, LIANE/LINSER, HANS JÜRGEN: Üben, Wiederholen, Festigen. Praxishandbuch für die Sekundarstufe I und II. Cornelsen Scriptor, Berlin 2003
READ, CAROL/MATTHEWS ALAN: Tandem Plus. Walton-on-Thames 1991
REALSCHULE ENGER: Lernkompetenz I – Bausteine für eigenständiges Lernen 5./6. Schuljahr, 4. Aufl., Cornelsen Scriptor, Berlin 2005
REALSCHULE ENGER: Lernkompetenz II – Bausteine für eigenständiges Lernen 7. bis 9. Schuljahr, 4. Aufl., Cornelsen Scriptor, Berlin 2005
REALSCHULE ENGER: Lernkompetenz III – Bausteine für kooperatives und kommunikatives Lernen 5. bis 9. Schuljahr, Cornelsen Scriptor, Berlin 2005
SCHWARZ, HELMUT (Hrsg.): English G – neue Ausgabe, Band 6. Cornelsen, Berlin 1991
SCHWARZ, HELMUT (Hrsg.): English G 2000, Bände 1–6. Cornelsen, Berlin
SCHWARZ, HELMUT (Hrsg.): English G 21, Bände 1 und 2. Cornelsen, Berlin
SPITZER, MANFRED: Geist im Netz. Modelle für Lernen, Denken und Handeln. Spektrum Akademischer Verlag, Heidelberg 1996
SPITZER, MANFRED: Lernen. Gehirnforschung und die Schule des Lebens. Spektrum Akademischer Verlag, Heidelberg 2002
THAL, JÜRGEN/EBERT, UWE: Methodenvielfalt im Unterricht. Mit Lust stressarm und effektiv lernen. 3. Aufl., Luchterhand, Darmstadt 2004
UNRUH, THOMAS/PETERSEN, SUSANNE: Guter Unterricht. Handwerkszeug für Unterrichts-Profis. AOL Verlag, Lichtenau 2005
UR, PENNY: Discussions that work. Cambridge 1988 (8. Auflage)
WEIDNER, MARGIT: Kooperatives Lernen im Unterricht, Seelze-Velber 2003
ZEITSCHRIFT „PÄDAGOGIK": Lernen lernen (Themenheft), 50. Jahrgang, Heft 3/1998
ZEITSCHRIFT „PRAXIS SCHULE 5–10": In Gruppen lernen (Themenheft), Heft 6, Dezember 2002